SELVA

ALEXANDRE SARAIVA
com Manoela Sawitzki

SELVA
MADEIREIROS, GARIMPEIROS E CORRUPTOS NA AMAZÔNIA SEM LEI

R
HISTÓRIA REAL

© 2023 Alexandre Saraiva

PREPARAÇÃO
Kathia Ferreira

CHECAGEM
Rosana Agrella da Silveira

REVISÃO
Eduardo Carneiro
Juliana Souza

DIAGRAMAÇÃO
Equatorium Design

DESIGN DE CAPA
Celso Longo

IMAGEM DE CAPA
© Rogério Assis

CIP-BRASIL. CATALOGAÇÃO NA PUBLICAÇÃO
SINDICADO NACIONAL DOS EDITORES DE LIVROS, RJ

S2246s

    Saraiva, Alexandre, 1970-
        Selva : madeireiros, garimpeiros e corruptos na Amazônia sem lei / Alexandre Saraiva, Manoela Sawitzki. - 1. ed. - Rio de Janeiro : Intrínseca, 2023

        256 p. ; 21 cm.
        ISBN 978-65-87518-54-1

        1. Crimes contra o meio ambiente - Amazônia. 2. Proteção ambiental. 3. Garimpo - Aspectos ambientais - Amazônia. 4. Madeira - Exploração - Amazônia. I. Sawitzki, Manoela. II. Título.

23-82052   CDD: 363.709811
                            CDU: 502.1(811)

Gabriela Faray Ferreira Lopes - Bibliotecária - CRB-7/6643

[2023]
Todos os direitos desta edição reservados a
História Real, um selo da Editora Intrínseca Ltda.
Rua Marquês de São Vicente, 99, 6º andar
22451-041 — Gávea
Rio de Janeiro — RJ
Tel./Fax: (21) 3206-7400
www.historiareal.intrinseca.com.br

Ao meu filho, Ricardo Selva Carvalho Saraiva. Ficar longe de você, ainda tão pequeno, enquanto eu trabalhava na Amazônia, foi um grande sofrimento.

Aó meu pai, Carlos Edemar Saraiva, ao meu irmão Carlos Saraiva e, especialmente, à minha mãe, Teresinha Lúcia da Silva, a pessoa mais corajosa que conheci.

Em memória do delegado da Polícia Federal Roberto Moreira da Silva Filho, morto em 26 de agosto de 2022, aos 35 anos, em Mato Grosso, durante uma operação policial de combate à extração ilegal de madeira. Seu exemplo de coragem e dedicação ao trabalho será sempre lembrado.

Pois não posso, não devo, não quero
viver como toda essa gente insiste em viver.
E não posso aceitar sossegado
Qualquer sacanagem ser coisa normal.

"Bola de meia, bola de gude",
canção de Milton Nascimento e Fernando Brant

Sumário

Apresentação 9

Prólogo: Bem-vindos à selva 13

Siglas usadas neste livro 23

1. Não vai passar boiada
Operação Handroanthus: a maior apreensão de madeira ilegal da história do Brasil 27

2. Efeito dominó
A queda de Ricardo Salles 58

3. Recriar o paraíso agora
Roraima e a Operação Salmo 96:12 85

4. TEM GENTE BOA ESPALHADA POR ESSE BRASIL
O Maranhão e as operações Hymenaea e Ferro e Fogo 123

5. EXISTEM OS TOLOS E EXISTE O LADRÃO E HÁ QUEM SE ALIMENTE DO QUE É ROUBO
A chegada ao Amazonas e a Operação Arquimedes 154

6. "GENTE GRAÚDA MORDE DO OURO RETIRADO DAQUI"
O indigenista Bruno Pereira, o Vale do Javari e a Operação Korubo 189

7. É A VERDADE O QUE ASSOMBRA, O DESCASO QUE CONDENA
Lawfare, desmonte institucional e a destruição da Amazônia nos anos Bolsonaro 209

AGRADECIMENTOS 246

NOTAS 247

Apresentação

Existem livros que têm a capacidade de fincar um marco na cabeça da gente, estabelecendo como que um antes e um depois. Livros que iluminam, que abrem horizontes para se entender um assunto com mais clareza, que falam de problemas, mas que apresentam soluções. Este é um desses livros.

Ele é, à primeira vista, sobre a experiência de um delegado da Polícia Federal na chefia das superintendências de três estados da Amazônia. Digo à primeira vista porque, além de tratar de crimes ambientais, como o tráfico de madeira e o garimpo ilegal, o autor vai bem mais fundo. Alexandre Saraiva aborda o papel do Estado, como funcionam (ou não) os mecanismos de proteção do patrimônio público e como é possível sabotar de dentro do governo o trabalho de funcionários que zelam pelo que é nosso. Este é também um livro sobre corrupção, e não apenas no uso mais comum do termo, mas no sentido de corroer, destruir por dentro. Ele nos mostra uma polícia que usa a inteligência e a ciência para aplicar a lei, atributos bem mais eficazes no nosso tempo do que o simples uso da força.

O que acontece na Amazônia hoje é o tema mais importante para o planeta quando se trata de Brasil. Quer dizer, é para aqueles que enxergam o que está acontecendo e veem a urgência de uma mudança de modelo. Porque são uma minoria. Tenho dúvidas sobre a racionalidade de um mundo indiferente à destruição do que o sustenta. O descontrole climático, as secas e as chuvas torrenciais já são uma realidade. Frio no verão, calor no inverno, dizemos que "o tempo está louco!" quando deveríamos constatar que a loucura é nossa.

Entre a indignação e a ação existe uma grande distância. Encurtar essa distância demanda coragem. E foi isso o que o delegado Alexandre Saraiva fez. Como se diz, falar é fácil, o difícil é fazer. E na Amazônia mais ainda. Os números são enormes, difíceis de compreender. As dimensões são — qual a palavra correta? — amazônicas! Para retirar a quantidade de madeira apreendida em uma única operação comandada por Saraiva seriam necessários 7,5 mil caminhões. Não sei você, mas não consigo imaginar uma fila de 7,5 mil caminhões. É um número absurdo demais. Uma balsa comporta mil toras. Para cortar mil toras é preciso destruir uma área de floresta equivalente a cem campos de futebol. É um número menor, verdade, mas, ainda assim, cem campos de futebol também é muita coisa, e estamos falando de uma única balsa...

Outra questão que o livro explica é a saia justa, as dificuldades da população local. No interior da Amazônia, muitas vezes, a organização criminosa que causa a devastação é o único empregador. As pessoas dispõem apenas desses trabalhos para sobreviver. Para elas, em um primeiro momento, não há interesse em ajudar na preservação ou em apoiar operações da Polícia Federal que, no fim das contas, destroem seu ganha-pão. Isso vale também para os servidores públicos que são dali, moram ali, têm parentes ali: denunciar os crimes ou ajudar a polícia é perigoso. A pessoa, no mínimo, sofre a pressão da família; no máximo, coloca a própria vida em risco. Porque na Amazônia, infelizmente, matar é fácil — e a maioria das mortes não gera a repercussão que tiveram os assassinatos do indigenista Bruno Pereira e do jornalista Dom Philips. Resolver os problemas da Amazônia demanda também criar condições para a sobrevivência dessa população.

E, finalmente, o livro derruba a ideia de que a destruição da floresta é necessária para a expansão do agronegócio. Se trata de roubo puro e simples. De madeira, de ouro, de terras, de animais silvestres, de peixes, enfim, de um patrimônio que é de todos e que dia após dia, há anos, vem sendo roubado por criminosos que, curiosamente, não são tratados como tal. Considere uma apreensão de toneladas de cocaína. Seria possível imaginar os traficantes pedindos (e conseguindo!) uma reunião com a Polícia Federal para resolver o "problema"? A ideia soa absurda, ridícula, mas quando se trata da extração ilegal de madeira isso aconteceu e acontece.

Este livro é também uma espécie de manual de como combater o desmatamento e o tráfico de madeira. Existe um lado burocrático, documentos rotineiramente fraudados que, se analisados, são facilmente desmascarados. E madeira não é droga. As toras ocupam volumes enormes que têm que passar pelos portos. Uma fiscalização eficaz nos portos praticamente dispensa operações caríssimas no meio da floresta.

Selva: Madeireiros, garimpeiros e corruptos na Amazônia sem lei deveria virar roteiro de um filme. Tem a ação, a novidade e o impacto de um *Tropa de Elite*, com suas ramificações criminosas em todos os escalões do poder. Com uma diferença: onde o Capitão Nascimento muitas vezes escorregava para um autoritarismo violento, o delegado Alexandre Saraiva mostra o que uma Polícia Federal de qualidade é capaz de fazer. Nesse aspecto, é um livro que traz esperança. Por outro lado, a maneira como o delegado Saraiva foi tirado de campo, assim como outros que faziam esse trabalho na Polícia Federal e no Ibama, diz muito sobre a força de interesses poderosos e de organizações criminosas. Tudo tem que ser reconstruído.

Lembra do termo madeira de lei? Vem de uma época em que as árvores eram um produto tão valioso que só o governo podia derrubá-las. No século XVIII já se falava da escassez da árvore que deu nome ao nosso país, o pau-brasil. O livro mostra em todos os matizes o valor da madeira, o valor do meio ambiente e, principalmente, e esta talvez seja a sua maior lição, o valor da lei.

MARCOS UCHÔA

Prólogo

Bem-vindos à selva

É dia 11 de novembro de 2022, uma sexta-feira. Faltam alguns minutos para o fim do expediente quando recebo um comunicado oficial na pequena delegacia de Volta Redonda, no estado do Rio de Janeiro, onde trabalho há pouco mais de um ano. O comunicado avisa que sou alvo de um procedimento disciplinar aberto na Corregedoria da Polícia Federal, em Brasília, por conceder entrevistas à imprensa. O mesmo fato já havia sido apreciado pela Corregedoria da PF do Rio de Janeiro, que decidira pelo arquivamento do processo — pela primeira vez um servidor lotado em um estado da Federação seria julgado em Brasília. O processo envolve não só o meu afastamento provisório, como também pode encerrar a minha carreira na corporação. No comunicado está escrito que posso consultar os termos do processo no sistema interno da instituição. Ao entrar no sistema, descubro que o acesso é impossível: o processo foi colocado em sigilo.

Entre as notícias daquele dia nos jornais do país, leio que o Instituto Nacional de Pesquisas Espaciais registrou uma área de floresta desmatada na Amazônia de 903,86 km² — o pior desmatamento registrado para o mês de outubro desde 2015. O empenho em tentar conter números como esse e punir os responsáveis pela destruição é o verdadeiro motivo do procedimento disciplinar sem fundamento que moveram contra mim no apagar das luzes do governo de Jair Bolsonaro. Meu trabalho me colocou onde estou agora. E as razões para fazer o que fiz me levaram a escrever este livro.

Passei dez intensos anos na Amazônia. Cheguei no início de 2011 para assumir a Superintendência da Polícia Federal em Roraima e lá descobri o funcionamento de um esquema de destruição que se estende, mas não se restringe, aos dois estados em que viria a trabalhar depois: o Maranhão e o Amazonas, também integrantes da chamada Amazônia Legal. Havia passado os sete anos anteriores, desde a minha entrada na PF, trabalhando como delegado no Rio de Janeiro, estado onde nasci. Com sete anos de carreira, ainda era um delegado de primeira classe. Só se chega ao topo da carreira, a chamada classe especial, quando se completam dez anos de casa. Eu já tinha ocupado chefias de delegacias especializadas e descentralizadas, mas assumir uma Superintendência é bem mais complexo.

A indicação do meu nome partiu de dois expoentes da PF pelos quais tenho grande admiração: os delegados Jorge Pontes e Valdinho Caetano. Em uma sexta-feira de janeiro de 2011, no fim da tarde, recebi uma ligação de Caetano, que havia sido superintendente no Rio de Janeiro e ocupava, naquele momento, o cargo de corregedor-geral da instituição.

— Saraiva, tem uma missão para você — disse logo ele.

Antes de saber do que se tratava, respondi com um clichê:

— Missão dada é missão cumprida.

— Tem certeza?

— Tenho.

— Ok, o doutor Leandro me encarregou de te passar a missão de assumir a Superintendência em Roraima.

— Chefe, pode informar ao doutor Leandro que muito me honra o convite. De minha parte, está aceito.

— Certo. Ele vai te ligar na segunda.

A tal ligação realmente aconteceu na segunda-feira seguinte. Foi a minha primeira conversa com o delegado Leandro Daiello, que havia assumido a Direção-Geral da PF pouco antes e se tornaria o diretor mais longevo após a redemocratização. Daiello permaneceu por sete anos no cargo, mesmo com sucessivas mudanças na pasta da Justiça. Assim que desligamos, fiquei um tempo olhando para a vista do morro do cemitério em frente à delegacia de Nova Iguaçu, na Região Metropolitana do Rio de Janeiro, onde eu então trabalhava, e pensando: *O que foi que eu fiz?!*

Seria uma mudança radical de vida e eu não havia levado nem dez segundos para decidir. Era uma tremenda promoção, mas também um sacrifício pessoal. Eu não duvidava de que estava fazendo um bom trabalho, mas aquele convite certamente só chegara a mim porque o posto em Roraima fora recusado por vários delegados mais antigos. O que me levou a dizer um "sim" tão imediato foi o fascínio que sempre tive pelas florestas. Como recusar trabalhar para proteger a maior floresta tropical do mundo? A hipótese simplesmente não existia na minha cabeça. Quando aceitei o cargo, enxerguei intuitivamente o que os "antigões" — como são chamados os policiais com pelo menos vinte anos de PF — talvez não estivessem vendo: a imensa relevância da Região Amazônica para o Brasil e o mundo.

Talvez seja um problema institucional, mas o fato é que as Superintendências da PF na Região Norte são tidas internamente como de segunda categoria. Mesmo a do Amazonas, o maior estado do país, é considerada de pequeno porte. Da mesma forma, muitos delegados não conseguem avistar o potencial de crescimento profissional e humano que chefiar uma divisão naquela região pode oferecer. Lá é preciso administrar a escassez de recursos, a falta de logística e o sofrimento dos policiais, que, em geral, vêm de outros estados e precisam ficar anos longe de casa. Eu mesmo fui para Roraima sozinho, deixando para trás a companheira, a mãe idosa, o restante da família e muitos amigos, além do meu recém-adquirido sítio em Petrópolis, na Região Serrana do Rio.

Naquele tempo, a permanência de um superintendente em uma unidade da PF costumava variar entre dois e quatro anos. Esse era o entendimento, a meu ver correto, da administração da PF capitaneada por Daiello. Depois de três anos à frente de uma unidade, um gestor tem mais dificuldade para perceber alguns problemas, que acabam virando, para ele, uma paisagem habitual, de rotina. Além disso, o cargo de superintendente envolve um grande poder dentro de um estado, pois seu titular dispõe de amplos recursos de investigação e não presta contas a nenhuma autoridade estadual, reportando-se apenas à Direção-Geral da PF.

O primeiro sonho de um político corrupto é indicar o superintendente regional da PF em seu estado. Assim, ao mesmo tempo que protege seus aliados, consegue atacar seus desafetos. Esse tipo de indicação não acontecia quando fui para o Norte, já que "queimaria" o nome de qualquer delegado. Do mesmo modo, se chegasse à Direção-Geral da PF algum pedido político para substituir um superintendente, ainda que já houvesse uma predisposição na corporação para fazer a troca, fosse por desempenho insuficiente, fosse por estar mesmo na hora de trocar, a mudança não ocorria. Para não permitir a ingerência política na PF e, mais do que isso, para não sinalizar algo nesse sentido. Mas, de 2019 em diante, isso mudaria. E outro sonho do político desonesto passou a ser também conseguir afastar um superintendente atuante no combate aos crimes contra a corrupção de seu grupo político. Para esse político desonesto, o ideal é que a PF se encarregue somente dos crimes envolvendo drogas, armas, assalto a bancos etc. Combater crimes ambientais e de colarinho-branco não torna um superintendente benquisto pelos políticos comprometidos com atividades ilegais.

Trabalhei intensamente com os novos amigos policiais que fiz pelos caminhos e pelas missões na Amazônia. Como superintendente da PF em uma pequena capital como Boa Vista, minha vida era casa-trabalho, trabalho-casa. De vez em quando, uma pescaria no rio Branco, a convite do delegado

Alan Gonçalves, um volta-redondense que já tinha se tornado roraimense. O cargo impõe certa solidão, que piora muito quando se está longe de casa. Sempre convivi bem comigo mesmo, mas ficar sozinho tanto tempo não era fácil. Em Roraima foi assim. Depois, nos dois primeiros anos de Maranhão, também. Na época, o estresse do trabalho, que já era grande, somava-se a uma sucessão de acontecimentos pessoais importantes. Minha mãe começou a apresentar sintomas de Alzheimer e estava gravemente doente por conta de uma queda. Além disso, minha companheira engravidou sem que estivéssemos planejando um filho naquele momento. O resultado para minha saúde não foi nada bom e a conta chegou na forma de uma ansiedade terrível.

Não é fácil sair do círculo vicioso da ansiedade e ainda mais difícil é tentar encobri-la para não demonstrar fraqueza. Aos poucos, porém, fui descobrindo que muitos outros colegas passavam por crises semelhantes. Parece mesmo algo típico da profissão. O estado de alerta constante para tentar antever possíveis ameaças vai, paulatinamente, erodindo a mente do policial. O diretor-geral, Leandro Daiello, um chefe atento e cuidadoso com os subordinados, detectou o problema e me mandou passar um mês no Rio de Janeiro. Rapidamente me recuperei. E então meu filho nasceu. Demos a ele um nome composto: Ricardo Selva — o primeiro em homenagem ao avô materno e o segundo à Amazônia. Precisei convencer não apenas a mãe dele, como também a escrivã que fez o registro do garoto no cartório. Com três meses de vida ele foi conosco para o Maranhão, em março de 2014, e depois para Manaus, em novembro de 2017 — só não conheceu Roraima. Logo, porém, Ricardo Selva e a mãe tiveram de voltar para o Rio de Janeiro.

Perdi boa parte da primeira infância do meu filho em função do trabalho no Norte do país. Ficar longe dele criava um dilema terrível. Eu sentia que fazia o certo como policial, mas estava sendo um pai ausente. Até o nascimento de Ricardo, saber que eu estava ali combatendo os que destruíam a floresta me ajudava a suportar a distância. Depois, a saudade do menino me atormentava todos os dias, mas eu buscava me recompensar sabendo que não dava ao crime organizado a satisfação de me ver fora dali. Certa vez, conversando sobre esse meu dilema pessoal, ouvi de alguém que "nenhum amor individual é verdadeiro se não estiver acompanhado de um profundo amor pela humanidade".

Dentro da instituição, eu precisava lidar com outras dificuldades. As Delemaphs, delegacias especializadas no combate ao crime ambiental, são uma conquista do delegado Jorge Pontes relativamente recente, de cerca de duas décadas. Ele precisou de anos de esforços para convencer a cúpula da PF de que o crime contra o meio ambiente, num país rico em recursos naturais como o Brasil, é tão grave quanto o tráfico de drogas. Ainda hoje, há poucos delegados com interesse pela área. Embora o Brasil seja, mais do que nunca, sinônimo de Amazônia e a Amazônia, sinônimo de Brasil, a PF vive o que chamamos de "brasiliocentrismo". A maior parte dos recursos da instituição é destinada a projetos na Capital Federal, sacrificando-se as pontas. Isso se aplica aos recursos humanos, sempre insuficientes, alocados no Norte após os concursos — uma prática que custa muito aos superintendentes da região, que precisam cobrir áreas extensas, de difícil acesso, sob forte ação criminal, especialmente crimes como desmatamento, garimpo, caça e pesca ilegais e seus consequentes tráficos de madeira, ouro e animais, além do tráfico de entorpecentes.

Eu não era um especialista em Amazônia quando fui para Roraima, em 2011. Isso foi complicado e até arriscado, mas é assim que funciona: aprende-se na prática, no susto, por tentativa e erro. Foi uma experiência sem igual, porque um superintendente da PF em qualquer um dos estados da Amazônia trabalha sob forte pressão. É preciso tomar decisões rápidas porque a qualquer momento pode estourar uma crise. Hoje, quase toda a madeira que circula na região é proveniente de extração ilegal — seja a partir da invasão de Terras Indígenas, bens da União inalienáveis e indisponíveis para usufruto dos povos originários que aí habitam, seja a partir da invasão de Unidades de Conservação, que também são áreas delimitadas e protegidas pelo Poder Público com objetivos de conservação, incluindo-se aí seus recursos ambientais.

Contudo, o trabalho de remoção das barreiras policiais e de fiscalização ao desmatamento foi concluído com êxito durante o mandato presidencial de Jair Bolsonaro. O Ibama, principal órgão de proteção ao meio ambiente no país, foi o primeiro alvo do governo federal. Apesar de muitas dificuldades, entre 2019 e 2020 ainda houve alguma resistência à destruição dos recursos naturais da Amazônia. A PF, mesmo sem o apoio do Ibama, ocupou o vazio deixado por outros órgãos responsáveis pela fiscalização e o combate ao crime ambiental e ainda atuou com força nesses dois anos. Mas, em 2021, o desmonte também atingiu a capacidade investigativa ambiental da PF.

Em 2023, meu filho completará 8 anos de idade. No ano em que ele nasceu, em 2015, foram desmatados 6.207 km^2 de floresta amazônica. Esse número dobrou até 2021. No momento em que contamos esta história, no fim de 2022, corremos o risco de um desmatamento maior do que o recorde histórico de 29.059 km^2, obtido em 1995. Nos meses anteriores às eleições presidenciais de outubro de 2022, antevendo a possibilidade de Bolsonaro não ser reeleito, os criminosos que atuam na região colocaram as máquinas da destruição para funcionar a todo o vapor. O objetivo era aproveitar o que restava do governo mais antipreservação do meio ambiente da história do Brasil. Quem conhece a política nos estados da Amazônia conhece também a relação entre madeireiros ilegais e políticos corruptos em ano de eleição. Centenas de milhares de árvores seculares foram abatidas e as consequências virão.

Conto aqui parte da história da aprendizagem que se seguiria àquela minha decisão crucial de ir para Roraima, tomada em menos de dez segundos em 2011. Minha atuação como superintendente da PF não se restringiria ao combate ao crime ambiental, claro. Mas foi nesse campo e nas operações policiais que compõem o relato deste livro que encontrei minha vocação. Existe na Amazônia uma longa tradição de impunidade e uma vulnerabilidade que não podem perdurar, sobretudo quando há uma grave crise climática em curso no planeta. Essa história não diz respeito apenas a mim e à minha trajetória na PF, já que aqui relato o que foi possível descobrir ao longo de dez anos no Norte do país: quem são aqueles que compõem as organizações criminosas — que lucram centenas de milhões de reais todos os anos com a destruição da floresta mais importante do mundo —, como essas organizações são formadas e como atuam.

Siglas usadas neste livro

Abin – Agência Brasileira de Inteligência
ADPF – Arguição de Descumprimento de Preceito Fundamental
AGU – Advocacia-Geral da União
Aman – Academia Militar das Agulhas Negras
Antaq – Agência Nacional de Transportes Aquaviários
Autex – Autorização de Exploração Florestal
Bope – Batalhão de Operações Especiais
Caop – Coordenação de Aviação Operacional
CAR – Cadastro Ambiental Rural
Cesportos – Comissões Estaduais de Segurança Pública nos Portos, Terminais e Vias Navegáveis
CGDI – Coordenação-Geral de Defesa Institucional
CGIIRC – Coordenação-Geral de Índios Isolados e de Recente Contato
CGPFAZ – Coordenação-Geral da Polícia Fazendária
Cipa – Companhia Independente de Policiamento Ambiental
CMN – Comando Militar do Norte
CNJ – Conselho Nacional de Justiça
CNPJ – Cadastro Nacional da Pessoa Jurídica
Coger – Corregedoria-Geral da Polícia Federal
COT – Comando de Operações Táticas
CSBP – Confederação dos Servidores Públicos do Brasil
CTF – Cadastro Técnico Federal
DDD – Discagem Direta a Distância
Delecor – Delegacia de Repressão à Corrupção e Crimes Financeiros
Delemaph – Delegacia de Repressão aos Crimes contra o Meio Ambiente e Patrimônio Histórico
DEM – Democratas

DFAZ – Divisão de Repressão a Crimes Fazendários
Dicor – Diretoria de Investigação e Combate ao Crime Organizado
Dipro – Diretoria de Proteção Ambiental
Direx – Diretoria Executiva da Polícia Federal
DMAPH – Divisão de Meio Ambiente e Patrimônio Histórico da Polícia Federal
DOF – Documento de Origem Florestal
DRCOR – Delegacia Regional de Combate ao Crime Organizado
DRE – Delegacia de Repressão a Entorpecentes
Europol – Agência da União Europeia para a Cooperação Policial
FAB – Força Aérea Brasileira
Femarh – Fundação Estadual do Meio Ambiente e Recursos Hídricos
Fiesp – Federação das Indústrias do Estado de São Paulo
FPE – Frente de Proteção Etnoambiental
Funai – Fundação Nacional do Índio
Funasa – Fundação Nacional da Saúde
GEF – Grupo Especial de Fiscalização
GF – Guia Florestal
GLO – Garantia da Lei e da Ordem
GPI – Grupo de Pronta Intervenção
Ibama – Instituto Brasileiro do Meio Ambiente e dos Recursos Naturais Renováveis
IBGE – Instituto Brasileiro de Geografia e Estatística
ICMBio – Instituto Chico Mendes de Conservação da Biodiversidade
IDH – Índice de Desenvolvimento Humano
IML – Instituto Médico-Legal
Incra – Instituto Nacional de Colonização e Reforma Agrária
Inmet – Instituto Nacional de Meteorologia
Inpa – Instituto Nacional de Pesquisas da Amazônia

Inpe – Instituto Nacional de Pesquisas Espaciais
Interpol – Organização Internacional de Polícia Criminal
Ipaam – Instituto de Proteção Ambiental do Amazonas
IPL – Inquérito Policial
ISA – Instituto Socioambiental
ISPS – International Ship and Port Facility
Iteraima – Instituto de Terras e Colonização de Roraima
MDB – Movimento Democrático Brasileiro
MPF – Ministério Público Federal
Nasa – National Aeronautics and Space Administration
Nepom – Núcleo Especial de Polícia Marítima
OEA – Organização dos Estados Americanos
ONU – Organização das Nações Unidas
PAD – Procedimento Administrativo Disciplinar
PCC – Primeiro Comando da Capital
PCdoB – Partido Comunista do Brasil
PDT – Partido Democrático Trabalhista
PEN – Partido Ecológico Nacional
PF – Polícia Federal
PIC – Procedimento Investigatório Criminal
PM – Polícia Militar
Prodes – Projeto de Monitoramento do Desmatamento na Amazônia Legal por Satélite
PROS – Partido Republicano da Ordem Social
PSL – Partido Social Liberal
RDS – Reserva de Desenvolvimento Sustentável
RE – Regulamento Europeu
Rebio – Reserva Biológica
Segat – Serviço de Gestão Ambiental e Territorial

SEI – Sistema Eletrônico de Informações
Selog – Setor de Administração e Logística Policial
Sema – Secretaria de Estado do Meio Ambiente
Semas-PA – Secretaria de Estado de Meio Ambiente e Sustentabilidade do Pará
Serep – Serviço de Vigilância e Repressão ao Contrabando e Descaminho
Setec – Setor Técnico-Científico
Sicar – Sistema Nacional do Cadastro Ambiental Rural
Sisdof – Sistema de Documento de Origem Florestal
SNCR – Sistema Nacional de Cadastro Rural do Incra
STF – Supremo Tribunal Federal
STJ – Superior Tribunal de Justiça
TAC – Termo de Ajustamento de Conduta
TRF – Tribunal Regional Federal
UFRJ – Universidade Federal do Rio de Janeiro
USFWS – United States Fish and Wildlife Service
USP – Universidade de São Paulo
UTI – Unidade de Terapia Intensiva

1. Não vai passar boiada

Operação Handroanthus: a maior apreensão de madeira ilegal da história do Brasil

Um avião oficial do governo brasileiro saiu de Brasília e pousou em Santarém, no Pará, em 31 de março de 2021. Da aeronave desceram três autoridades: Ricardo de Aquino Salles, ministro do Meio Ambiente, Eduardo Bim, presidente do Instituto Brasileiro do Meio Ambiente e dos Recursos Naturais Renováveis (Ibama), e a deputada federal Carla Zambelli (PL-SP), presidente da Comissão de Meio Ambiente e Desenvolvimento Sustentável da Câmara dos Deputados. A comitiva foi recebida pelo senador Zequinha Marinho (PL-PA) e, juntos, os quatro embarcaram em um helicóptero da Força Aérea Brasileira (FAB) rumo à área de Cachoeira do

Aruã, comunidade ribeirinha no oeste do Pará, perto da divisa com o Amazonas. O local de destino havia sido, quatro meses antes, um dos palcos da maior apreensão de madeira ilegal da história do Brasil.

Mesmo levando-se em conta a quantidade e a gravidade dos antecedentes de desmatamento na Amazônia, não é trivial encontrar e apreender 226 mil m³ de madeira ilegal, carga avaliada em 130 milhões de reais suficiente para encher pelo menos 7,5 mil caminhões. Mas aquele grupo não estava reunido para comemorar o sucesso da Handroanthus, a operação conduzida pela Superintendência da Polícia Federal do Amazonas, então sob a minha liderança, e que havia tornado possível aquela apreensão histórica. A viagem da comitiva ministerial era resultado da mobilização, organizada pelos responsáveis pela extração da madeira, entre parlamentares ousados o bastante para defenderem publicamente uma atividade criminosa.

Em Cachoeira do Aruã, à beira do rio Arapiuns, o ministro Ricardo Salles "periciou" duas toras e assegurou que *quase* tudo" estava nos limites da legalidade. Ali mesmo, e a cada passo da visita, o ministro, a deputada e o senador gravavam vídeos que seriam posteriormente editados e veiculados em redes sociais oficiais, em que defendiam a atividade madeireira então objeto da investigação da PF. Até para os parâmetros brasileiros, aquela encenação era inédita. Nenhum outro ministro do Meio Ambiente, até então, havia promovido abertamente a defesa de criminosos ambientais.

Não havia como Salles alegar ignorância técnica ou desconhecimento das circunstâncias que envolviam a Operação

Handroanthus, assim batizada para homenagear o nome científico do ipê, a árvore mais cobiçada pelos madeireiros na Amazônia. Isso porque, durante o voo entre Brasília e Santarém, o chefe da Divisão de Meio Ambiente e Patrimônio Histórico da Polícia Federal (DMAPH), Rubens Lopes da Silva, lhe entregara documentos que atestavam dezenas de crimes, assim como irregularidades administrativas, cometidas pelas madeireiras autuadas. Para surpresa de Lopes, porém, Salles ignorou os documentos e deu início a um diálogo sobre possíveis formas de invalidar as informações dos laudos com mais dois integrantes do voo: João Riograndense, diretor de Uso Sustentável da Biodiversidade e Florestas do Ibama, e Olivaldi Azevedo, major reformado da Polícia Militar (PM) de São Paulo que ocupava o cargo de diretor de Proteção Ambiental do Ibama. Era indisfarçável a intenção de derrubar a Handroanthus e promover, o mais rapidamente possível, a devolução aos madeireiros do maquinário e da madeira apreendidos.

    Já de volta a Brasília, no dia 2 de abril, ou seja, dois dias depois da viagem, o ministro Ricardo Salles concedeu uma entrevista ao jornal *O Estado de S. Paulo*.[1] Diante da repórter, ele não apenas condicionou uma redução de 30% a 40% do desmatamento na Amazônia a um investimento de 1 bilhão de dólares (em um ano) feito pelos Estados Unidos, como mais uma vez defendeu madeireiros e criticou o trabalho da PF na Handroanthus. "O que me parece é que aquilo não é ilegalidade [...]. Porque fomos olhar as árvores, os proprietários têm escritura, planos de manejo estão aprovados. Qual é a ilegalidade?", questionou. A verdade é que a maior parte da documentação da carga apreendida continha fraudes. E ele sabia disso. Mas, dessa vez, o ministro encontraria pela frente servidores públicos dispostos a ir até as últimas consequências para impedir a vitória de madeireiros com gigantescas cargas ilegais.

Na quarta-feira, 7 de abril, o ministro Ricardo Salles voltou à região de Santarém e mais uma vez advogou publicamente pela liberação do produto do crime. Numa reunião convocada pelo Ministério do Meio Ambiente nas dependências do hotel Açay, estavam presentes, entre diversos madeireiros, vários representantes do Instituto Chico Mendes de Conservação da Biodiversidade (ICMBio) e da Secretaria de Estado de Meio Ambiente e Sustentabilidade do Pará (Semas-PA), além do próprio presidente do Ibama, Eduardo Bim. Participaram também o delegado Rubens Lopes da Silva, da DMAPH, e os policiais federais que o acompanhavam. A missão dos policiais era ouvir, registrar e reportar o que seria dito na reunião, além de receber uma documentação que, segundo Salles, comprovaria a legalidade da carga e permitiria sua liberação em, no máximo, uma semana. A imprensa também havia sido pautada para divulgar a iniciativa.

Eu estava em Manaus e tomei a decisão de não comparecer à reunião, bem como desaconselhei a ida do perito Herbert Dittmar, que tinha assinado a maioria dos laudos que apontavam as ilegalidades. O Pará era atendido por sua própria Superintendência da PF e, diante do tom de revolta dos investigados e dos políticos que os apoiavam, a viagem poderia resultar em confronto pessoal, colocando a apreensão como uma ação puramente individual, minha, e não institucional, de cumprimento da lei. Designei como representante da Superintendência do Amazonas Marcelo Goetten, chefe do Setor Técnico-Científico (Setec-AM), que conhecia em detalhes a Operação Handroanthus e era um perito veterano. Ele seguiu para o hotel usando um colete à prova de balas e acompanhado de uma equipe da nossa sede. Conhecendo bem o perfil de Goetten, eu sabia que ele não permitiria que aquele teatro saísse do controle.

Antes do início da reunião, Goetten percebeu algo que o incomodou. Em meados de janeiro, já no final da Handroanthus, tínhamos aproximadamente trinta pontos de apreensão de madeira, os chamados "pátios de armazenamento", todos ligados a um grande grupo de madeireiras da região. Mas os presentes naquela sala do hotel faziam parte de um clube fechado que incluía apenas madeireiros e proprietários de terra oriundos de Santa Catarina e do Paraná. Outros, que também tiveram madeira apreendida, não tinham sido sequer convidados para o encontro. Ao saberem disso, alguns chegaram a reclamar com Goetten, mas se o evento fora convocado pelo Ministério do Meio Ambiente, eram do ministério as honras da casa.

Após o grupo se acomodar às mesas dispostas como um grande quadrado, numa formação que lembrava um corpo de jurados, Ricardo Salles chamou o perito da Superintendência do Amazonas para uma conversa lateral, talvez imaginando que Goetten fosse o responsável pela perícia de toda a operação, e lhe garantiu que a reunião seria rápida.

Segundo o ministro, a documentação probatória da legalidade da carga seria entregue pelos madeireiros, o representante da PF deveria aceitá-la e o assunto estaria encerrado. Goetten, no entanto, sabia que aqueles documentos precisariam ser analisados, e isso levaria certo tempo. O volume de madeira apreendida era imenso e boa parte estava lastreada por documentação irregular. Seria impossível liberar a madeira de imediato, como aquele grupo demandava, a começar pelo ministro, sem verificar a nova documentação que estava sendo entregue.

O coronel Olivaldi Azevedo, que fora o número dois do Ibama e, na época, era secretário adjunto da Secretaria de Biodiversidade do Ministério do Meio Ambiente, fez uma segunda abordagem, ainda mais direta, dirigindo-se a Goetten, para que todos os presentes ouvissem:

— Você tem que falar lá para os peritos de Manaus para fazerem esse laudo direito. Esse laudo não pode ficar assim, não.

— Olha, você não tem nada a ver com isso — respondeu Goetten, secamente.

As duas primeiras pessoas a pedir a palavra na reunião, o representante do ICMBio e o representante da Semas-PA, se lançaram numa espécie de louvação à madeireira Rondobel e ao seu papel na preservação da flora amazônica. Um deles chegou a declarar que, sem aquela madeireira, a floresta estaria degradada. A Rondobel, no entanto, tem um longo histórico de autuações ambientais que, entre 2001 e 2018, já somavam 7 milhões de reais.[2] No momento da entrega dos documentos, Ricardo Salles fez um discurso em tom oficial:

— Em comum acordo com a Polícia Federal, temos

aqui um representante da perícia e estamos fazendo a entrega dos documentos. Como acordado anteriormente, estão aqui, na íntegra...

Goetten pediu então a palavra e fez uma ressalva importante: uma vez que perícias devem, necessariamente, ser feitas com documentos originais, as cópias ali entregues não tinham validade como prova pericial. Uma câmera filmava a reunião, mas, nesse momento, a gravação foi interrompida.

Enquanto o ministro Ricardo Salles retornava aos pátios de armazenamento onde havia madeira apreendida, a documentação entregue pelos madeireiros na reunião do Açay seguia de barco até Manaus, aonde chegaria três dias depois. Em terra, uma viatura fez o transporte do material para a Superintendência da PF. Eu já tinha convocado todos os policiais da Delemaph para trabalhar sábado e domingo na análise daquela papelada. Cada madeireiro do clube presente à reunião no hotel de Santarém havia apresentado uma caixa de PVC amarela contendo uma grande quantidade de páginas. Cópias sucessivas dos mesmos documentos encorpavam os volumes — uma artimanha às vezes utilizada por criminosos para desencorajar os investigadores e dar uma aparência de robustez às alegadas provas documentais. Policiais experientes não caem nesse tipo de sofisma. Apesar do discurso enfático do ministro, a documentação entregue pelos madeireiros era um embuste muito mal disfarçado.

No sábado, cheguei ao meu gabinete bem cedo e me encarreguei de uma das caixas. Ao terminar, me perguntei, incrédulo, por que eles teriam nos fornecido provas cabais do próprio crime. A documentação mostrava fraudes evidentes na tentativa de "legalizar" terras griladas, muitas vezes em conluio com o governo do Pará. Somente a convicção da impunidade poderia explicar a apresentação daqueles documentos. Talvez, considerando o poder político que exibiam, os investigados acreditassem que tudo não passava de um teatro e que, na prática, os papéis não seriam analisados a fundo.

Afinal, protegendo-os pela retaguarda, eles tinham um time de peso: além do próprio ministro do Meio Ambiente e dos presidentes do Ibama, do ICMBio e da Semas-PA, havia a presidente da Comissão de Meio Ambiente e Desenvolvimento Sustentável da Câmara dos Deputados, Carla Zambelli, a deputada federal Caroline de Toni (PSL-SC) e senadores da República, como Zequinha Marinho (PL-PA), Telmário Mota (PROS-RR) e Jorginho Mello (PL-SC). Ainda assim, naquele sábado, ficou claro para mim que as tentativas daquele grupo haviam sido um tiro no próprio pé.

A OPERAÇÃO HANDROANTHUS

A maior apreensão de madeira ilegal da história do Brasil, decorrente de 25 incursões efetuadas pela PF entre 16 de novembro de 2020 e 17 de janeiro de 2021, começou com uma denúncia feita na primeira quinzena de novembro. Uma pessoa, sem qualquer vínculo com a PF, movida por altruísmo e disposta a correr riscos para ajudar na preservação da Amazônia, informou à Superintendência do Amazonas que balsas carregadas de toras estavam transitando diariamente pelo Mamuru, um rio considerado secundário como rota de navegação, numa região distante, nos confins da Amazônia. Uma balsa é capaz de transportar, no mínimo, 3 mil m³ de madeira. Se para um leigo é difícil visualizar o que isso significa, basta ter em mente que equivale a cem campos de futebol. Aquela movimentação, por meses a fio, estava ocorrendo cada vez com mais frequência e indicava uma sangria na floresta.

O rio Mamuru é o curso d'água divisor natural dos estados do Amazonas e do Pará, entre o município amazonense de Parintins e o município paraense de Juruti. O Mamuru deságua no rio Amazonas depois de desaguar no Paraná do Ramos. Sua utilização como via de escoamento da madeira explorada na região é antiga. Diversas empresas do ramo madeireiro, como a Saterê, a MDP Transportes e a Rondobel, que atuavam em Juruti, utilizavam esse sistema hidroviário. Segundo laudos periciais produzidos pelo Setor de Criminalística da Superintendência da PF do Amazonas,[3] todas praticavam fraudes e crimes ambientais. A Rondobel, uma das maiores dessas empresas e que já fora alvo de cerca de vinte autos de infração lavrados pelo Ibama, tinha uma aliada influente: a então presidente da Comissão de Meio Ambiente da Câmara dos Deputados. Em sessão na Comissão de Legislação Participativa da Casa, ocorrida no dia 26 de abril de 2021, Carla Zambelli defenderia de modo incisivo a atuação da Rondobel, atacaria a minha condução do inquérito e criticaria o trabalho da PF na Operação Handroanthus.

A região de Juruti possui um estoque florestal abundante e de altíssimo valor por suas essências florestais nobres, onde se incluem os ipês (*Handroanthus* spp.), o cedro (*Cedrela odorata*), as maçarandubas e maparajubas (*Manilkara* spp.), o angelim-ferro (*Dinizia excelsa Ducke*) e o angelim-pedra (*Hymenolobium* spp.). Durante boa parte do ano, o Mamuru é usado pelas embarcações que transportam a madeira extraída em toras para serem beneficiadas nas serrarias de Belém e nos municípios próximos dali, seguindo depois para os principais mercados consumidores internos e fora do país.

Com base na denúncia recebida na primeira quinzena de novembro de 2020 sobre o movimento suspeito de balsas no Mamuru, a agente da PF Ticiana Radiche iniciou uma análise da região do rio usando imagens de satélite de alta resolução. A contratação do sistema de satélite Planet pela Superintendência do Amazonas era uma conquista recente e tornava possível um monitoramento eficaz da região. A ideia me fora apresentada pelos peritos Herbert Dittmar e Diogo Mrozinski e imediatamente transformou-se em uma obsessão para mim. Pela primeira vez contávamos com imagens disponibilizadas no máximo 24 horas depois de captadas pelas câmeras dos satélites.

O objetivo de Ticiana era encontrar balsas transportando madeira, bem como os possíveis locais de onde a carga poderia ter sido retirada e a data em que essa retirada teria ocorrido. As imagens revelaram uma balsa do tipo utilizado para o transporte de madeira. Antes de despachar uma equipe para realizar a abordagem, o que demandaria considerável custo financeiro e de pessoal, precisávamos, porém, de dados mais concretos. A oportunidade veio poucos dias depois, com as eleições municipais, que seriam realizadas no dia 15. Na época, a Superintendência do Amazonas recebeu suporte da Coordenação de Aviação Operacional da Polícia

Federal (Caop) para o transporte de agentes até o interior do Amazonas para o policiamento eleitoral. Ticiana tomou a iniciativa de procurar o comandante da aeronave, também agente da PF, e obteve boas notícias: os pilotos estariam disponíveis no dia 14 de novembro, um sábado, e poderiam realizar um sobrevoo no rio Mamuru na área próxima a Santarém para tentar encontrar a embarcação suspeita detectada pelo satélite.

Tudo acertado com o comandante da aeronave, Tici, como é carinhosamente chamada pelos colegas, foi até o meu gabinete:

— Chefe, tive uma ideia pra encontrar a balsa que apareceu nas imagens de satélite. Aquele caso que foi passado pelo informante do Glauber. Acho que vai dar pra gente pegar, já consegui a aeronave. Só tenho um pedido: quero ir na abordagem.

— Lá vem você com essa mania de querer bater o escanteio e correr pra cabecear — brinquei. — Mas tudo bem, acho justo. É frustrante não poder ir na melhor parte. Como eu sofro com isso, eu te entendo. Pode ir.

Antes de sair do meu gabinete, ela fez outro pedido: que as agentes Ana Paula Barbosa e Ana Paula Alto e a escrivã Bárbara Keitel participassem do sobrevoo.

— Com mais gente observando será maior a chance de localizarmos o alvo.

Ticiana estava certa, foi sagaz e escalou um time de policiais de alto nível. Mesmo sendo jovens, tanto em idade quanto em tempo na PF, aquelas servidoras eram altamente motivadas, inteligentes e se destacavam na análise de informações. Assim, no dia 14 de novembro, esse seleto grupo saiu da Superintendência em direção ao aeroporto. De lá, uma aeronave tipo Cessna Caravan, um monomotor robusto de produção norte-americana, sob o comando dos pilotos da Caop, partiu em direção à região do Mamuru.

Durante o sobrevoo, foram identificadas diversas áreas com sinais de extração ilegal. A equipe também constatou a existência de considerável quantidade de madeiras em tora em clareiras abertas no meio de florestas antes intocadas. Num porto improvisado, já havia outra balsa carregada. Os policiais tomaram o cuidado de incluir as coordenadas geográficas em todos os registros fotográficos, deixando os alvos devidamente plotados. Essa providência simples seria fundamental para que uma equipe do Grupo de Pronta Intervenção (GPI) da PF pudesse, depois, realizar as abordagens.

Sempre que membros da nossa equipe sobrevoavam a Amazônia, eu ficava desassossegado até seu retorno. Eu conhecia a alta qualificação dos pilotos da Caop que saíram naquele dia e o excelente histórico da aeronave, mas Amazônia é Amazônia: nada é fácil e tudo é perigoso. Fui informado do sucesso da missão de reconhecimento assim que o grupo retornou a Manaus. Vendo as fotos, confirmei que as atividades registradas pareciam clandestinas. Os trabalhos suspeitos continuavam em escala e não havia tempo a perder. Iniciamos então os preparativos para formar uma equipe e realizar a abordagem da balsa avistada. Nossos cálculos consideravam a velocidade média de balsas daquele tipo para projetar a sua localização aproximada nos dias seguintes. Pelas nossas contas, a abordagem aconteceria nas proximidades de Óbidos, no Pará. No dia 16 de novembro então, mais uma vez com o apoio da Caop, foi feito outro sobrevoo na região. A jornada se iniciou na orla da cidade de Parintins, através do rio Amazonas, até o Paraná do Ramos, via de acesso ao Mamuru.

A aritmética, porém, precisava levar em conta muitas variáveis na Amazônia e a balsa não foi encontrada no ponto onde os cálculos apontavam que estaria. A região é de navegação complexa. Ali, a máxima de que ninguém atravessa o mesmo rio duas vezes tem um significado especial. O leito e a vazão de água de cada rio mudam conforme a época do ano e essas variações criam bancos de areia que podem mudar de lugar em questão de dias. A aeronave deu a volta e seguiu o rio pelo caminho por onde a balsa deveria necessariamente navegar. Até que ela finalmente foi avistada: estava encalhada apenas alguns metros adiante de onde fora avistada no dia anterior, num trecho do Mamuru localizado nas proximidades da divisa do Amazonas com o Pará.

De volta a Parintins, a equipe desembarcou no aeroporto local e precisou improvisar. Na falta de uma embarcação própria, alugou uma lancha para chegar até a balsa encalhada. Depois de cerca de quarenta minutos pelo rio, foi possível enxergá-la. Após a abordagem, enquanto agentes realizavam a conferência da documentação e revistavam as instalações, o perito criminal Fábio de Castro Borba, engenheiro florestal e nosso maior especialista em identificação de madeira, analisou as toras. Havia ali cerca de 3,5 mil m³ de madeira, o que correspondia a pouco mais de um milhar de toras, e a documentação apresentada exibia graves discrepâncias.

A maior parte não estava lastreada pelas respectivas Guias Florestais (GF) nem pelo Documento de Origem Florestal (DOF), documentos fundamentais para o rastreamento eficaz da madeira retirada das florestas brasileiras. O DOF, pouco conhecido pela maior parte dos brasileiros, vale ouro na Região Amazônica — mas chegaremos a esse assunto no momento oportuno. Tínhamos elementos mais do que suficientes para apreender a embarcação e conduzir a tripulação até Parintins, a fim de prestar depoimento.

Até a abordagem da balsa, eu acreditava que aquela madeira era proveniente de extração ilegal do Amazonas, mas estava enganado. Embora a apreensão tivesse sido feita no Amazonas, o exame da carga revelou que se tratava de madeira nativa do Pará. Apesar de a extração ter sido efetuada em território paraense, a balsa com destino a Belém, por uma questão geográfica, teria de passar necessariamente pelo Amazonas. Havia outras balsas transportando madeira extraída ilegalmente transitando pelos rios do estado, a maioria com toras retiradas no próprio Amazonas, mas quis o destino que justamente aquela, com madeira extraída do Pará, fosse a primeira a ser abordada. Esse fato teria sérias implicações.

Quando fui informado sobre a origem da madeira apreendida, deixei claro para a equipe que estávamos entrando em uma nova fase do trabalho.

— Já atuamos contra os madeireiros ilegais de Roraima, Maranhão e Amazonas, mas o Pará é diferente. Agora, é como se estivéssemos invadindo a Rússia — disse, numa referência à Segunda Guerra Mundial. — No Pará vai ser bem mais complicado.

Infelizmente, nesse caso, eu estava certo. Combater o crime ambiental na Amazônia está longe de ser tarefa fácil. Ali, em todos os estados, o desmatamento está relacionado à atuação de grupos criminosos com tentáculos que alcançam os órgãos ambientais e os altos escalões da República. Mas, quando se trata do Pará, campeão nacional de desmatamento, o cenário é ainda mais complexo e a missão, de alto risco — grupos armados que atuam no garimpo e no desmatamento ilegal em áreas isoladas frequentemente recebem a tiros as equipes de fiscalização. Mas nós estávamos determinados a dar prosseguimento aos trabalhos. O que eu não imaginava é que, por causa dessa nossa determinação, meus dias como superintendente da PF do Amazonas logo estariam contados.

Na sede da Superintendência da PF em Manaus, repassamos os pontos plotados no primeiro sobrevoo e onde havia toras armazenadas em pátios abertos. Em seguida, Ticiana, o perito Fábio Borba e o agente Charles Nascimento, experiente policial lotado na Delegacia de Repressão a Entorpecentes (DRE) e designado para aquela missão por seu conhecimento da região, voltaram a campo. Para lhes dar maior segurança, despachei junto uma equipe do GPI, unidade com treinamento e armamento diferenciados para missões com risco de enfrentamento armado, capitaneada pelo agente Leonardo, mais conhecido como agente Leo. Além dos três integrantes da Caop — piloto, copiloto e um operador tático —, integravam o grupo dois peritos criminais da Superintendência do Amazonas: Emerson Miranda Fonseca e Maxsuel Ribeiro Silva.

Como a região a ser investigada era bastante extensa, uma base de operação foi montada em Santarém. O grupo procurava cobrir a maior área possível, estendendo os sobrevoos até o limite do combustível. A autonomia do helicóptero permitia fazer um voo pela manhã e outro à tarde — enquanto a aeronave era abastecida e checada, a turma almoçava. Aquelas missões também precisavam considerar a instabilidade do clima, que "vira" em questão de minutos naquela parte do país. Nuvens carregadas e tempestades de relâmpagos podiam abortar o plano de voo a qualquer momento.

Naquela área, o solo fértil havia produzido uma floresta exuberante e a exploração madeireira era feita de maneira seletiva, visando quase sempre a árvores centenárias com alto valor de mercado. Vista de grande altitude, a floresta podia parecer intacta, pois suas árvores altíssimas ocultavam os depósitos em seu interior. Segundo o perito Emerson Miranda, apenas voando baixo era possível ver o que estava "mexido", ou seja, os caminhos desenhados por tratores ao arrastarem as toras pela mata. Assim, de repente, durante o sobrevoo, a equipe topava com grandes quantidades de toras estocadas, pilhas do tamanho de prédios de dois andares. Ainda hoje, Miranda se lembra do impacto que sentiu ao se deparar com a dimensão de alguns daqueles depósitos entocados em meio às árvores. Um deles, que ele descreveu como "colossal", foi detectado ao lado do rio Arapiuns. Naquele momento, o nível do rio estava muito baixo, mas, quando enchesse, balsas enormes atracariam ali para levar aquelas toras.

— O helicóptero demorou alguns minutos para dar a

volta nesse depósito — recorda-se o perito. — Era o maior de todos, um gigante.

Na sequência, o perito Fábio Borba se deslocou com o agente Leo, chefe do GPI, o agente Luan, também do GPI, e o então chefe do Núcleo Especial de Polícia Marítima (Nepom), agente Salgado, numa lancha rápida FlexBoat, até dois portos de embarque de madeira das empresas SOL Florestal e MDP Transportes, também localizados às margens do Mamuru. No pátio da SOL, a equipe encontrou grande quantidade de toras aguardando o embarque. No pátio da MDP, onde havia uma estrutura que comportava refeitório, banheiros e escritório administrativo, o grupo flagrou uma operação de embarque de madeira em duas balsas. Madeira abatida repousava no pátio enquanto um caminhão puxava dois semirreboques carregados com toras de ipê. A carga nas balsas, no pátio e no caminhão não era lastreada pela documentação apresentada pelos funcionários da empresa.

A 40 quilômetros dali, em outro pátio da MDP, a equipe encontrou centenas de toras. Novamente, a documentação estava incompleta ou inexistia. Este seria o padrão: em cada pátio visitado, novas ilicitudes eram descobertas e a operação de apreensão foi tomando uma proporção cada vez maior. Diante disso, decidi enviar ao local um grupo de policiais federais num barco de grande porte da PF, o *Nova Era*, para que se realizasse uma fiscalização intensiva na saída do Mamuru. O perito Goetten integrava a equipe.

Na noite em que o *Nova Era* chegou ao porto de Santarém, uma embarcação regional de passageiros atracou logo atrás, obstruindo a saída do nosso barco. Uma embarcação da PF precisa estar sempre pronta para uso, não pode ser bloqueada. A bordo do *Nova Era*, o agente Salgado, do Nepom, entrou em contato com a embarcação de passageiros para falar com o comandante, mas foi informado pelo imediato de que ele estava em terra e, surpreendentemente, incomunicável. Era o primeiro indício de que havia pessoas dispostas a sabotar a operação da PF.

O *Nova Era* ficaria até o dia seguinte bloqueado no porto, mas esse não seria o único obstáculo para a equipe da PF — quando a embarcação pôde, enfim, partir, foi detectado um defeito na bomba de combustível. Goetten foi à terra e percorreu Santarém inteira em busca da peça de que precisavam. A busca só acabou quando o proprietário de uma das lojas de material visitadas pelo perito decidiu contar o que realmente estava acontecendo:

— Moço, você não vai encontrar essa peça porque ninguém vai vender pra vocês.

Grande parte dos clientes do comércio de peças e mantimentos navais é do ramo madeireiro e do garimpo. Logo, se essas lojas vendessem algo para a PF, haveria represália: elas não conseguiriam vender mais nada no restante do ano para a sua clientela principal. Nunca obteríamos a tal peça em Santarém. Seria preciso viajar até Óbidos. Em linha reta, Santarém fica a quase 110 quilômetros de Óbidos, mas as curvas do rio fazem essa distância chegar a 266 quilômetros. Parte do grupo então embarcou numa voadeira e percorreu aquele trecho em cerca de oito horas para adquirir a peça, retornar a Santarém e permitir que o *Nova Era*, afinal, partisse para cumprir sua missão.

Esses dois episódios foram apenas um prenúncio do que nos esperava. Quanto à balsa encalhada no rio Mamuru, ela era só a ponta do iceberg. Com base nos dados colhidos naquele primeiro flagrante, inúmeras outras apreensões de madeira ilegal seriam feitas em território paraense em outras balsas atracadas em portos fluviais, em pátios nas proximidades dos portos e também em locais de difícil acesso, em plena selva. Cargas e mais cargas sem documentação ou lastreadas por documentação irregular, com indícios de diversas fraudes administrativas, foram apreendidas. Assim, logo a Operação Handroanthus chegaria à apreensão de 226 mil m³ de madeira extraída ilegalmente.

O crime organizado ligado à exploração de madeira tem influência sobre amplos setores dos governos estadual e federal. Desde o início, a Handroanthus sofreu intensos ataques de senadores e deputados do Pará, de Roraima e mesmo de estados distantes, como Santa Catarina — essa poderosa bancada no Poder Legislativo estava em plena ação. As investidas ocorreram primeiro nos bastidores. Depois avançaram, diante da falta de resistência institucional da Direção-Geral da PF. Eu já conhecia alguns desses políticos desde a minha chegada a Roraima, em 2011. E, na época da Handroanthus, eu já passara por outras operações: Salmo 96:12 (2012, em Roraima); Ferro e Fogo (2014, no Maranhão); e Arquimedes (2017, no Amazonas). Sabia que eles costumavam se reunir com os acusados, divulgavam vídeos com defesas inflamadas de suas atividades ilícitas e faziam, publicamente, acusações descabidas de perseguição e abuso de poder por parte da PF.

A visita do ministro do Meio Ambiente, em março de 2021, ao local da apreensão para periciar a madeira recolhida pela PF, certificar sua origem "lícita" e questionar o trabalho realizado pelos policiais foi o ponto máximo dessa escalada. Antes do envolvimento público de Ricardo Salles em favor dos madeireiros envolvidos no caso, o governo federal havia comemorado o sucesso da Handroanthus em suas páginas oficiais. Existia o compromisso, firmado no Conselho Nacional da Amazônia Legal em 9 de dezembro de 2020, em reunião que contou com a presença do vice-presidente da República, Hamilton Mourão, de usar o Exército para ajudar na guarda e retirada da madeira apreendida.[4] E, de fato, inicialmente, destacamentos do Exército nos auxiliaram na guarda das inúmeras cargas, tarefa para a qual a PF não tinha contingente suficiente.

Houve, entretanto, uma mudança repentina na postura do Comando Militar do Norte (CMN), que tinha à frente o general de quatro estrelas Sérgio da Costa Negraes. Respondendo interinamente pelo comando, o general de brigada André Luiz Aguiar Ribeiro passou a pressionar pela retirada do Exército das atividades de combate ao crime ambiental, postura que, segundo me confidenciou um amigo militar, contava com a concordância de Negraes. Em uma das minhas reuniões com o CMN, foi dito que o custo da retirada da madeira apreendida pela Handroanthus seria de 20 milhões de reais e que, pelas contas dos militares, seriam necessários dez anos para concluí-la. Não pude me conter:

— Os senhores vão me desculpar, mas aqueles bandidos tiram a madeira da região em poucas semanas e o Exército está dizendo que precisa de dez anos? Isso não faz o menor sentido.

Havia se instaurado uma evidente má vontade nos âmbitos governamental e militar para com a continuidade dos trabalhos. Os militares diziam que a responsabilidade pelo desmonte não era deles, que eles estavam apenas apoiando uma operação da PF. No entanto, a apreensão havia sido apresentada na página do Ministério da Defesa como tendo sido uma atuação exclusiva dos militares sem que, em nenhum momento, se mencionasse a Polícia Federal. Em outras palavras, o Ministério da Defesa apoderara-se do trabalho alheio, divulgando-o para obter os louros, mas o abandonara em seguida. Mais tarde, a página que comemorava a apreensão foi retirada do ar, mas ela continua acessível no site da Agência Brasil. Segundo as informações ali expostas, trata-se de uma operação exclusiva da Marinha.[5]

Eu fazia todo o possível para manter os militares na operação. Em sentido oposto, o general Aguiar Ribeiro insistia para que se definisse o mais rapidamente possível a data de retorno do Exército aos quartéis de Belém, a centenas de quilômetros de distância. Como interino, contudo, ele não tinha poder de decisão sobre a questão. Quando mencionei que o recuo prematuro dos militares contrariava as decisões tomadas na reunião do Conselho da Amazônia, o general respondeu que o Conselho era um canal político e não militar, e que não havia chegado nenhuma ordem de cima para manter o apoio à Handroanthus. Ele estava falando a verdade.

Na iminência da saída do Exército da região, os 226 mil m³ de madeira e o maquinário utilizado no crime continuariam indefinidamente no local, à espera de uma operação de retirada e necessitando de guarda. Em 19 de fevereiro de 2021, o Exército expediu ofício comunicando que deixaria os pontos de apreensão em cinco dias. Recebemos o documento dois dias depois da sua expedição. Em três dias não era possível sequer providenciar a chegada ao local de uma equipe da PF de Manaus.

O delegado à frente do inquérito instaurado por mim, Thiago Leão Bastos, não à toa conhecido como delegado Leão, enviou um duro ofício em resposta ao CMN. "Uma vez que houve efetiva participação na apreensão, não tem mais o administrador (civil ou militar) a prerrogativa de, a seu exclusivo arbítrio, abandonar a missão que foi iniciada", escreveu ele. Leão também mencionou o desperdício de recursos públicos e informou que a conduta poderia, em tese, acarretar investigação criminal, além de responsabilidade criminal e cível.

Contundente, o ofício estava correto em todos os seus posicionamentos. Em especial, quando apontava que a retirada afoita dos militares daria "aos criminosos a oportunidade de recuperar o produto do crime", fato que, inevitavelmente, seria "objeto de apuração da responsabilidade de natureza civil, administrativa (improbidade) e criminal (prevaricação)". Para fundamentar sua argumentação, o delegado Leão ainda transcreveu o conteúdo das páginas do Ministério da Defesa que divulgavam a apreensão como obra exclusiva de militares.

Quando o ofício chegou ao CMN, estava ocorrendo em Brasília uma reunião com todos os generais de quatro estrelas do país. O texto bateu lá e quase de imediato começou a circular em grupos de WhatsApp de militares, até chegar à mesa da Direção-Geral da PF. Foi quando Rolando Alexandre, diretor-geral da corporação naquele momento, me ligou exaltado. Respondi no mesmo tom e a conversa começou e terminou mal.

De início, Rolando Alexandre também havia comemorado efusivamente o sucesso das apreensões da Handroanthus. Ele participara da referida reunião do Conselho da Amazônia e me incentivara a intensificar a operação para que fosse a maior de todos os tempos. Diante do apoio inesperado, não me fiz de rogado e, na época, expliquei que precisaria de helicópteros para localizar novas áreas de abate ilegal. Ele então determinou que as aeronaves da PF que operavam em Pernambuco, cuidando da erradicação de plantações de maconha, se dirigissem imediatamente para Santarém em apoio à Handroanthus. Mas agora, quando os ventos mudavam e ele era submetido a pressões políticas, o diretor-geral da PF fazia críticas abertas ao trabalho, alegando que eu não devia ter apreendido tanto se não havia condições operacionais para tal. Em determinado momento, ele afirmou que estavam pedindo a minha cabeça. Respondi que a entregasse.

A discussão mais uma vez foi áspera, mas, como costumava acontecer, não passou disso — apesar dos conflitos comigo, Rolando Alexandre não me substituiu. Talvez por acreditar, como outras pessoas na época, que eu fosse próximo do presidente Bolsonaro. Eu tinha, porém, a clara impressão de que ele me queria fora da Amazônia — tanto que chegou a me oferecer a Superintendência do Espírito Santo. Antes, tinha havido até mesmo um aceno nada ortodoxo do próprio presidente da República de que eu poderia ser transferido para a Superintendência do Rio de Janeiro, aceno feito sem prévia combinação com o diretor-geral da PF — mais à frente detalharei esse episódio. Ambas as propostas pareciam ter como objetivo me tirar da Amazônia de um modo que eu saísse sem protestar, como se tivesse recebido um prêmio. Como as duas tentativas de retirada suave não funcionaram, o processo foi executado a fórceps mesmo.

NO MEIO DO CAMINHO, HAVIA 226 MIL M³ DE MADEIRA

O Exército saiu da operação na primeira semana de março de 2021 sem realizar a retirada da madeira da área de floresta. Para entender a gravidade da situação é preciso lembrar que parte fundamental do combate ao desmatamento ilegal é justamente tirar do criminoso o produto de seu crime — a madeira e a possibilidade de lucrar com ela. Na reunião no Conselho da Amazônia, várias possibilidades haviam sido sugeridas, como deixar os próprios madeireiros responsáveis pela madeira apreendida (depósito fiel), fazer um leilão, processar e utilizar o material para a construção de casas para a população carente e, até mesmo, destruir as toras.

Deixar o madeireiro como depositário do produto do seu crime seria a pior solução. Quando isso ocorre, é comum que a madeira seja vendida pelo infrator. Um leilão também não funcionaria, visto que legalizaria o ilegal. Muitas vezes quem compra é o próprio criminoso, através de um "laranja", e a transação acarreta a queda do preço da madeira no mercado, prejudicando o produtor que trabalha dentro da lei. Fato é que quando se trata de combater o desmatamento na Amazônia as coisas ficam agarradas no lamaçal da burocracia. Quase nada flui, tudo é difícil.

A corrupção muitas vezes é a fonte do problema. Onipresente em todas as esferas governamentais como uma metástase em estágio avançado, carcome a democracia, escraviza o Estado e causa inúmeros danos à sociedade. Entre esses danos está a destruição da floresta. A organização criminosa que lucra milhões de dólares com a depauperação da Amazônia exerce influência não apenas sobre ministros, senadores, deputados e governadores, mas também sobre policiais, fiscais ambientais, juízes, promotores, delegados e outros funcionários públicos. Claro, nos quadros das instituições públicas há muita gente honesta, mas, infelizmente, entre os honestos existem também os acomodados. Assim, sobra apenas um punhado de funcionários dedicados lutando contra forças poderosas.

A Operação Handroanthus tramitava na Justiça Federal do Amazonas, já que a primeira apreensão e a primeira prisão em flagrante haviam ocorrido no estado. Isso não impediu que a MDP Transportes Ltda., uma das empresas infratoras, entrasse com um pedido de *habeas corpus* na Justiça Federal do Pará, requerendo a devolução da madeira e do maquinário apreendidos. É ilógico que o *habeas corpus*, remédio jurídico que se destina a garantir a liberdade, seja utilizado para a liberação de máquinas. O juiz federal que recebeu a ação entendeu que, naquele caso, a competência seria da Justiça Federal do Amazonas, mas os criminosos e seus advogados não desistiram. Até que o juiz federal Antonio Carlos Almeida Campelo, do Pará, que estava de férias, despachou no processo no qual não era, originalmente, o juiz designado. Dizia o seu despacho, emitido no dia 21de janeiro de 2021: "Determino que a decisão anterior SEJA CUMPRIDA DE IMEDIATO, sob pena de imposição de MULTA pelo descumprimento, no MONTANTE DE R$ 200.000,00 (duzentos mil reais) por dia de descumprimento, pessoalmente e separadamente, ao superintendente da Polícia Federal do Amazonas, e a qualquer outro delegado de Polícia Federal ou agente de Polícia Federal."

Duzentos mil reais por dia. Dois advogados dos acusados, Vitor de Assis Voss e Daniel de Carvalho Machado, entregaram na manhã do dia seguinte a decisão judicial aos agentes federais que estavam no local da apreensão, certos de que o valor da multa seria suficiente para tornar o despacho inquestionável. O agente Victor Vinícius Pagnossi Bandeira, policial que tinha tomado posse havia menos de três meses, entrou em contato comigo pelo WhatsApp às 9h54: "Bom dia. Os advogados voltaram com uma nova decisão judicial." Escrevi, em resposta: "Fiquem firmes! Não entreguem nada. A AGU [*Advocacia-Geral da União*] já foi acionada, vamos conseguir uma medida judicial para rebater isso."

Eles não entregaram. Os advogados estavam tão certos de que levariam as embarcações que já haviam entrado numa das balsas apreendidas e dado ordens à tripulação. Afinal, quem ousaria se arriscar a pagar uma multa tão elevada? Policiais federais. Os agentes Renan Mosqueira e Fernanda Cavalcanti Simões, capitaneados pelo agente Bandeira, todos "novinhos" na polícia, avisaram que nada sairia dali. Graças a eles a operação foi salva e a apreensão dos instrumentos e produtos do crime, mantida. Naquele dia senti muito orgulho de ser policial federal.

Decisões judiciais devem ser cumpridas, mas existem ritos previstos na lei que precisam ser seguidos. Advogados de acusados não podem assumir as funções de oficiais de justiça. Entendi que o que os advogados pretendiam, intimando a mim e a outros policiais diretamente, era uma gritante ilegalidade e decidi que obedeceria à decisão judicial desde que cumprido o trâmite normal das intimações. Seguir firme numa situação desse tipo não é banal, especialmente para agentes sem formação acadêmica em Direito. Mas a equipe no local confiou na minha palavra e não entregou os equipamentos apreendidos. Foi uma postura corajosa. Se estivessem errados, o preço seria alto. Um agente da PF em início de carreira levaria um ano para ganhar 200 mil reais. Quase ninguém está disposto a correr tal risco. Um recurso foi apresentado pela AGU e pelo Ministério Público Federal (MPF) e, finalmente, o Tribunal Regional Federal (TRF) suspendeu os efeitos da decisão.

Não é fácil explicar o que acontece na Amazônia. O juiz federal Antonio Carlos Almeida Campelo já havia atuado outras vezes para conceder liberdade provisória e revogar a prisão de suspeitos e mesmo de criminosos presos em flagrante, o que atrapalhava o rumo de investigações de crimes ambientais. Foi o que ele fez, por exemplo, em 2015, durante a Operação Madeira Limpa, responsável pela desarticulação de um esquema de desmatamento e exploração ilegal de madeira em assentamentos no oeste do Pará. Por isso diversas representações contra esse juiz tramitavam no Conselho Nacional de Justiça (CNJ), até então sem qualquer efeito.[6] No caso da Handroanthus, entretanto, o episódio terminaria mal para o juiz. A sucessão de eventos que cercou a operação deu visibilidade ao caso e o MPF protocolou uma representação junto ao CNJ, que determinou o afastamento temporário de Campelo das funções judiciais.

O tamanho inusitado da apreensão promovida pela Handroanthus criava um problema logístico para o qual também não havia precedentes. Como, sozinha, a PF poderia retirar as cargas e evitar que elas voltassem para as mãos dos responsáveis pela exploração ilegal? Nossa experiência demonstrava que, assim que a polícia e o Ibama virassem as costas, a madeira simplesmente desapareceria. As apreensões em tora costumam ocorrer em locais distantes e de difícil acesso. Os criminosos sabem que, cedo ou tarde, os policiais vão embora, por isso ficam entocados à espera do momento oportuno.

Como exposto no Conselho da Amazônia, restavam duas possibilidades. A ideal seria o governo assumir o encargo, resgatar as madeiras e utilizar a matéria-prima na construção de casas populares, pontes, escolas. O governo nunca fizera isso. A segunda alternativa seria a destruição da madeira apreendida, partindo-se do mesmo princípio que levava à destruição das peles de animais silvestres apreendidas pela polícia. Por mais triste que possa parecer, às vezes não existe outra saída.

A questão é que destruir 226 mil m³ de toras de madeira de lei no meio da floresta não é tarefa fácil. Várias ideias surgiram e foram descartadas: queimar, enterrar, cortar com motosserra, jogar ácido. Nada servia. Todas implicavam uma dificuldade logística insuperável, além de outros problemas. A queima da madeira lançaria mais carbono na atmosfera e poderia até se transformar em um incêndio florestal de grande porte. Enterrar exigiria a movimentação de máquinas pesadas até locais remotos, e, como o perito Goetten havia constatado em Santarém, ninguém nas cidades mais próximas alugaria maquinário para a PF nem para o Ibama.

A solução me ocorreu durante o sono: efetuar disparos de fuzil nas toras, de modo que os projéteis alojados nos troncos impedissem seu processamento nas serrarias. Era uma ideia inusitada que me surgiu num momento de extrema pressão, após a Direção-Geral da PF e o Exército pularem fora do caso. Não era a primeira vez que a PF precisava enfrentar situações graves num abandono tal que obrigava os envolvidos a usar a criatividade na busca de soluções. No dia seguinte, eu me reuni com uma equipe de peritos para discutir a possibilidade de colocar em prática a inserção de projéteis. Um deles, Ricardo Lívio, disse:

— Chefe, o senhor costuma ter boas ideias, mas essa é a ideia mais idiota que já ouvi.

Eu gostava da sinceridade deles. Todos ali na sala eram, sem exagero algum, muito competentes. O acaso reuniu em Manaus um grupo de peritos de altíssimo nível. Concordei que se tratava de uma medida sem precedentes, mas gostaria que, mesmo assim, eles testassem sua viabilidade. Formalizei um pedido de análise técnica e o mandei para Brasília. O expediente deu voltas e voltas e retornou inconclusivo. Enquanto isso, os peritos da PF do Amazonas faziam os testes da "ideia mais idiota do mundo". Por imagens de raios X, verificávamos a profundidade que o projétil disparado alcançava na madeira. Testamos disparos de fuzil com munições diferentes, testamos submetralhadora e até pistola. Depois, visando a maior penetração, substituímos o projétil do fuzil (de chumbo e latão) por aço inox (um prego foi cortado e encaixado). Os disparos foram feitos com armamento apreendido, que seria mesmo destruído. O teste demonstrou uma boa penetrabilidade, restava saber se aquele projétil seria suficiente para destruir o maquinário no momento do processamento da madeira.

Liguei para o professor Niro Higuchi, do Instituto Nacional de Pesquisas da Amazônia (Inpa), meu grande mestre e orientador no doutorado. Como engenheiro florestal, Higuchi sabe tudo sobre processamento de madeira. Ele me assegurou que o projétil destruiria a serra fita. O equipamento trabalha em alta temperatura e o choque com o metal seria devastador. Comentei que, de qualquer forma, queria testar. Para o professor, o que eu pretendia era o mesmo que matar uma pessoa para fazer a reconstituição de um homicídio. Mas, diante da minha insistência, ele acabou concordando em conseguir uma serra fita para os testes, desde que a devolvêssemos consertada. Ele estava certo — o choque da serra contra o projétil se mostrou fatal: dentes se quebraram e a serra empenou na hora. Sucesso!

Mas ainda havia dois problemas: o custo da munição e o som emitido pelos disparos do armamento, que perturbaria a fauna local. Cada cartucho custava cerca de 10 reais e planejamos cinco disparos por tora, para eliminar qualquer possibilidade de aproveitamento. A conta era simples e nem um pouco barata: 5 × 10 × 70 mil toras dava 3,5 milhões de reais. A ideia evoluiu então para pregos, inseridos com uma furadeira a bateria. Uma pessoa furaria a madeira e outra colocaria o prego batendo com uma haste até que ele alcançasse o fim do orifício. Mais algumas marteladas na haste e o prego acabaria fincado profundamente na madeira. Depois, a haste seria sacada com o martelo.

Todo o processo foi cronometrado e ficou demonstrado que era possível, trabalhando em duplas, inserir cinco pregos por tora em um minuto e alguns segundos. Se os pregos fossem inseridos pela manhã, a dilatação da madeira, com o calor do dia, acabaria por fechar completamente os furos, que já eram pequenos. Em suma, seria impossível percebê-los a olho nu. Depois dos testes bem-sucedidos e com a corda apertando para resolvermos a destinação da madeira apreendida, a ideia ganhou força e foi implementada. Convoquei nova reunião para avaliarmos o resultado do trabalho. Perguntei ao perito que, inicialmente, havia se oposto se ele mantinha sua opinião. Ele não deu o braço a torcer:

— Continuo achando a ideia idiota, mas não existe outra melhor.

Todos rimos.

2. Efeito dominó

A queda de Ricardo Salles

O período entre abril e junho de 2021 seria um divisor de águas não apenas para a Operação Handroanthus, como também para a história do crime ambiental no Brasil e da própria Polícia Federal.

Em 3 de abril, um sábado de sol, eu passava um fim de semana tranquilo com minha família em Petrópolis. O pequeno sítio em meio à Mata Atlântica era a realização de um sonho do qual raramente podíamos desfrutar por causa da minha mudança para o Norte. Meu irmão apareceu com os filhos adolescentes, que também levaram amigos. Enquanto o grupo se divertia jogando sinuca, fui até uma parte da casa onde havia sinal de internet e então entrou um alerta no WhatsApp. A mensagem continha um link para o jornal *O Estado de S. Paulo* e uma frase curta: "Olha o Salles." Abri o link e li a entrevista que o ministro Ricardo Salles havia concedido à jornalista Giovana Girardi.[1] Logo que me viu novamente, meu irmão percebeu, pelo meu semblante, que algo havia mudado. A tranquilidade ficara para trás.

Conforme o delegado Rubens Lopes da Silva, chefe da DMAPH, havia me dito, Salles saíra da primeira visita à área de Cachoeira do Aruã, em 31 de março, tecendo elogios à Handroanthus. O que teria mudado em três dias para que ele declarasse numa entrevista, a despeito dos documentos aos quais tivera acesso, que não havia ilegalidade na madeira apreendida pela operação? A Handroanthus vinha sofrendo críticas de pessoas ligadas a diversos setores das instituições do Estado. As declarações de Salles indicavam, portanto, que estava sendo gestada a narrativa de que não havia elementos para justificar as apreensões.

O ministro mencionou na entrevista um fato anterior: minha participação numa das *lives* do presidente Jair Bolsonaro, meses antes, em 19 de novembro de 2020,[2] ao lado do então ministro da Justiça e Segurança Pública, André Mendonça. Fui informado do "convite" para participar da *live* pelo diretor-geral da PF à época, Rolando Alexandre. Na linha hierárquica, o presidente da República era o chefe do chefe (ministro da Justiça) do meu chefe (diretor-geral da PF). Obviamente, não se tratava de um simples convite. Vi, no entanto, a situação como uma oportunidade de levar o problema do desmatamento da Amazônia para a *live* presidencial. Na transmissão daquela noite, o presidente tentou, logo de saída, jogar na conta dos indígenas a responsabilidade ou, ao menos, a cumplicidade pela destruição da floresta. Um evidente absurdo.

— É verdade que os índios trocam uma tora por uma Coca-Cola ou uma cerveja? É possível isso? — o presidente me perguntou.

Aquela batata quente me pegou de surpresa. Expliquei que a grande causa do desmatamento eram as fraudes nos processos administrativos estaduais, tese defendida por mim inúmeras vezes em palestras institucionais para membros do governo e embaixadores europeus. O ministro André Mendonça e eu também mencionamos a responsabilidade dos compradores estrangeiros na cadeia do desmatamento em território brasileiro, mas Bolsonaro, reiteradamente, procurou abrandar esse fato — provavelmente tentando pacificar as relações internacionais de um governo bastante criticado no campo da preservação ambiental. Assim que a *live* foi encerrada, percebi que minha participação havia frustrado as expectativas do presidente.

Na entrevista ao *Estadão*, Salles então me acusava de ter voltado atrás na declaração sobre a responsabilidade estrangeira, algo que, nas palavras dele, "não foi uma boa prática, tampouco ajudou a imagem do Brasil". Eu nunca voltei atrás em relação ao que afirmei, e continuo afirmando, sobre o papel dos mercados consumidores europeus e norte-americanos na sangria dos recursos naturais da Amazônia. Quanto à imagem do país no exterior, eu estava longe de ser o problema. Em agosto de 2019, Alemanha e Noruega já haviam bloqueado repasses de 288 milhões de reais para o Fundo Amazônia, sob a justificativa de que o Brasil não vinha cumprindo sua parte no acordo de cooperação firmado entre as nações. De 2017 a 2019, a área desmatada na maior floresta do mundo havia crescido 45,8%, ou 3,2 mil km². Uma área mais de duas vezes superior à da cidade de São Paulo.

O ponto nevrálgico das declarações de Salles, porém, não foram as ofensivas veladas dirigidas a mim. Desde que assumira a pasta do Meio Ambiente, em 1º de janeiro de 2019, ele testava os limites das instituições e da sociedade. Sem encontrar resistência efetiva, suas ações foram se tornando cada vez mais ousadas e ostensivas. Talvez por ser um ministro prestigiado no governo federal, com demonstrações públicas de apoio por parte do presidente, sentiu-se confortável para desacreditar também a PF, única instituição que, pelo menos até abril de 2021, ainda conseguia fazer frente ao crime ambiental com alguma independência.

A Superintendência da PF no Amazonas era estratégica, por estar localizada no maior estado da Amazônia Legal e com a maior área de floresta tropical contínua do mundo.³ Sua posição central permitia atacar também o desmatamento em praticamente todos os estados da Região Norte, exceto Amapá e Maranhão, mais distantes. Assim, Roraima, Acre, Rondônia e até mesmo o Pará estavam sob a esfera de atuação da PF do Amazonas, já que é praticamente impossível não passar pelo Amazonas com madeira ilegal retirada desses estados.

Uma apreensão feita pela PF não inviabiliza as ações dos órgãos ambientais, pelo contrário. Dado o grau de dificuldade encontrado na região para punir crimes que agridam o meio ambiente, as instituições costumam trabalhar em colaboração. Mas tanto o Ibama quanto o órgão ambiental do

Pará permaneceram inertes durante a Operação Handroanthus. Em outras palavras: nenhuma outra instituição, além da PF, aplicou qualquer penalidade aos responsáveis pela extração ilegal de madeira.

Enquanto as Forças Armadas receberam 410 milhões de reais dos cofres públicos para custear as operações de Garantia da Lei e da Ordem (GLO) na Amazônia em 2021,[4] nas sedes da PF dos estados nortistas poucos faziam o trabalho de muitos com recursos escassos. Com a retirada dos militares em março e sem apoio de outros órgãos, a PF precisava encontrar meios de lidar sozinha com uma apreensão gigantesca. E, no momento em que Ricardo Salles dava aquela entrevista ao *Estadão*, pelo menos cinquenta homens e mulheres, policiais federais, se arriscavam nos confins da selva para guardar o local do crime, reunir provas e garantir que o produto da exploração clandestina não fosse recuperado pelos responsáveis pelo ilícito.

Depois de ler a entrevista no site do jornal, não tive dúvidas de que deveria responder à altura. Eu estava ciente de que o que estava prestes a fazer seria arriscado em termos institucionais, mas, considerando todo o cenário, telefonei para a jornalista Camila Mattoso, do jornal *Folha de S.Paulo*. Meu primeiro contato com Camila ocorrera menos de dois anos antes — mais precisamente em 15 de agosto de 2019. Eu me encontrava em Manaus sozinho com meu filho de 4 anos, uma vez que minha então esposa estava, por motivos acadêmicos, participando de um curso em uma base do Inpa localizada no interior da floresta amazônica, a 200 quilômetros de Manaus. Meu telefone tocou e vi um número desconhecido na tela. Costumo ignorar chamadas de números que não conheço, mas considerei que pudesse ser uma ligação dela, via satélite, e atendi. Era Camila Mattoso.

— Sou repórter da *Folha*. O presidente acabou de dizer que você vai ser o novo superintendente do Rio. Você confirma?

Pego de surpresa, respondi a verdade: eu não sabia de nada, mas me informaria e voltaria a telefonar. Ela pareceu não acreditar nem em uma coisa nem em outra. Eu mesmo desliguei incrédulo, cogitando que fosse um trote, mas, no momento seguinte, uma sinfonia de alertas de mensagens começou a soar no meu celular. Foi assim que compreendi que uma sondagem que me fora feita semanas antes pelo então diretor-geral da Agência Brasileira de Inteligência (Abin), delegado da PF Alexandre Ramagem, aparentemente havia evoluído para uma proposta concreta.

Sem respeitar o rito adotado desde a redemocratização por presidentes da República, Jair Bolsonaro havia de fato declarado a jornalistas que eu assumiria a Superintendência do Rio de Janeiro, desprezando o fato de que nem Sergio Moro, o ministro da Justiça e Segurança Pública, nem seu braço direito, o diretor-geral da PF, Maurício Valeixo, queriam mexer naquela Superintendência, à época ocupada pelo delegado Ricardo Saadi. Foi uma atitude inabitual por parte de Bolsonaro, pois, embora a lei brasileira preveja que cabe ao presidente da República indicar o diretor-geral da PF, os superintendentes são nomeados pelo ministro da Justiça. Contudo, a tradição institucional, pelo menos até aquele momento, era de que essa escolha estava no âmbito das atribuições do diretor-geral da PF.

Uma vez a par da declaração do presidente, ainda naquele agosto de 2019, cumpri minha palavra: liguei para a jornalista. Dias depois nos encontramos para uma entrevista e assim estabelecemos um vínculo de respeito mútuo. Em contrapartida, não apenas minha nomeação para a Superintendência do Rio de Janeiro nunca aconteceria, como Sergio Moro deixaria o cargo de ministro em abril do ano seguinte, sob a alegação de que Jair Bolsonaro vinha tentando interferir nos trabalhos da PF. Valeixo também seria exonerado no mesmo dia do pedido de demissão de Moro, em 24 de abril de 2021.

Além da declaração de Jair Bolsonaro e da minha participação na *live* presidencial, outra situação vinha ligando o meu nome ao do presidente: eu tinha sido cogitado para a pasta do Meio Ambiente no fim de 2018, pouco antes da posse da equipe presidencial, que se daria em janeiro do ano seguinte. O fato fora inclusive mencionado por Giovana Girardi na entrevista com Ricardo Salles, sugerindo que Salles e eu estivéssemos "em guerra" por mera disputa de poder.

Até o fim de 2018, Bolsonaro e eu não nos conhecíamos. A possibilidade de uma indicação surgira de forma pouco ortodoxa, numa conversa informal dentro de um carro, no qual, além de dois policiais federais que realizavam a segurança (um ao volante e outro no banco do carona), estavam o presidente recém-eleito, um de seus filhos, o então deputado estadual Flávio Bolsonaro (na época no PSL), e o general Augusto Heleno, que logo seria empossado ministro-chefe de Segurança Institucional do Brasil. Bolsonaro, cujas reiteradas declarações públicas demonstravam que ele não tinha nenhuma afinidade com a questão ambiental, comentou que queria um policial no Ministério do Meio Ambiente. Perguntou então a um dos agentes da PF no banco da frente se ele conhecia alguém na corporação que "entendia de meio ambiente". O agente respondeu que sim, mencionou meu nome e citou a Operação Euterpe, que eu havia liderado no estado do Rio de Janeiro em 2006.

— Ele prendeu o Ibama do Rio de Janeiro todo — exagerou o agente da PF.

A animosidade de Bolsonaro com o Ibama era patente e ele deve ter gostado do que ouviu. No entanto, a Operação Euterpe fora responsável pela desarticulação de um esquema de fraudes na fiscalização ambiental envolvendo funcionários corruptos — cerca de 27% do efetivo do estado fluminense — que extorquiam empresários do ramo imobiliário e pesqueiro em troca de pareceres favoráveis a seus negócios, muitos localizados em áreas de proteção ambiental. Do total de 32 presos na Euterpe, 25 integravam quadros do Ibama, mas a operação fora realizada em colaboração com a instituição.

Marina Silva, então ministra do Meio Ambiente, e Marcus Barros, presidente do Ibama naquele momento, estiveram no Rio num gesto contundente de apoio à Operação Euterpe. Lula ainda era o presidente do país. Mas nada disso foi mencionado no carro que levava Jair Bolsonaro. A pedido dele, o agente da PF me telefonou, explicou rapidamente a situação, passou ao presidente o telefone e eu então me vi, de súbito, em uma conversa importante com Jair Bolsonaro.

— Você gosta dessa *parte* do meio ambiente? — perguntou o presidente eleito. — Eu estou precisando de um ministro. Você aceitaria?

Respondi que podíamos conversar.

— Você não tem nada contra agricultor, não, né? — ele continuou.

— Não, não tenho nada contra agricultor.

— Então vá lá em casa amanhã.

A partir daquele momento, me vi numa sinuca. Se, por um lado, o convite fosse oficializado e eu não o aceitasse, a pasta poderia ser entregue a alguém sem conhecimento técnico ou sem compromisso com a preservação do meio ambiente — um risco real, levando-se em conta o perfil do novo presidente. Por outro lado, aceitando, vincularia meu nome a um projeto político de governo com o qual não pactuava. Eu precisava, de fato, conversar mais sobre o assunto e entender melhor o terreno. Passei a madrugada estudando. A meu ver, mais importante do que vir a ser ou não ministro era a oportunidade de informar diretamente o novo chefe de Estado sobre o que estava acontecendo na Amazônia.

Conforme combinado, no dia seguinte fui até a casa de Jair Bolsonaro na Barra da Tijuca, no Rio de Janeiro. A primeira coisa que ele me perguntou foi o que eu achava de o Brasil sair do Acordo de Paris. Respondi que achava uma péssima ideia. Falei também que muita gente que havia votado nele queria a Amazônia preservada e que o meio ambiente era uma causa com alto poder de aglutinação. Segui pela linha do "essa bandeira não precisa ficar apenas com a esquerda, tem que ser uma bandeira de país, de governo", por saber que esse tipo de argumento poderia engajá-lo, e ele em alguns momentos pareceu interessado. Ao mesmo tempo, a sala estava cheia de gente e eu podia ouvir disparates negacionistas vindos de todos os lados. Quando mostrei, em meu tablet, uma imagem das marcas deixadas pelo garimpo ilegal, Bolsonaro me cortou.

— Garimpo não tem problema nenhum — disse ele.

Só mais tarde me disseram que o pai dele havia sido garimpeiro. Diante da recusa de Bolsonaro em enxergar o aquecimento global como um fenômeno real, sugeri que ele criasse uma comissão de cientistas notáveis que poderiam lhe dar um posicionamento institucional. E talvez tenha conseguido atenção plena apenas ao mencionar que a Rússia seria a maior beneficiada com o fenômeno do aquecimento, uma vez que as geleiras da Sibéria recuariam e dariam lugar a terras cultiváveis. E também ao dizer que, diferentemente do que o senso comum propagava, não era o agronegócio e sim o comércio ilegal de madeira que vinha destruindo a floresta amazônica.

— E quem está comprando são os europeus e os americanos — prossegui, lançando a isca.

— Você tem provas disso?

— Tenho — respondi e lhe entreguei o breve relatório que havia preparado.

Sobrevivi a quase três horas de conversa e a inúmeras discordâncias porque procurei manter o tom técnico, profissional. Apesar de não ter sido confirmado como ministro — levando em conta os rumores que circulavam na PF de que o novo diretor-geral, Maurício Valeixo, me afastaria da Superintendência do Amazonas —, aquela reunião pode ter contribuído para que eu continuasse no cargo. E, embora esses tenham sido meus únicos contatos com Bolsonaro, muita gente acreditava que eu mantinha algum tipo de ligação pessoal ou de afinidade política com ele. Nenhuma das suposições era verdadeira, mas, apesar de pagar um preço alto por carregar a fama de "delegado bolsonarista", aquela percepção pode ter me protegido por algum tempo dentro da polícia e do próprio governo. Na verdade, nunca fui nomeado para cargo algum no governo de Jair Bolsonaro; eu já era superintendente da PF no Amazonas quando ele tomou posse.

Cerca de dois anos depois da conversa com o presidente eleito, diante da inesperada investida de Ricardo Salles contra a Operação Handroanthus na entrevista concedida ao *Estadão*, ocorreu-me que a jornalista Camila Mattoso, da *Folha*, faria as perguntas certas e chegaria ao coração daquele conflito, me permitindo, como já disse, dar uma resposta à altura das declarações do ministro. Um superintendente da PF não precisa pedir autorização para dar entrevistas, mas uma entrevista que porventura contenha qualquer ataque frontal a um ministro de Estado é outra história.

Já era noite quando a entrevista para a *Folha*, concedida por telefone, do meu sítio, se encerrou naquele 3 de abril de 2021. Eu tinha subido numa elevação das redondezas para obter um sinal melhor de internet e fiquei no meio da mata durante a conversa, na maior escuridão, ouvindo o pio de uma coruja e barulhos de insetos ao redor. Creio ter visto até um tatu perambulando por ali. Voltando para casa, fiquei pensando que uma frase dita no calor do momento — e que nenhum bom repórter desperdiçaria — estaria no site do jornal a qualquer instante e faria barulho em Brasília: "Na Polícia Federal não vai passar boiada."

A expressão "passar a boiada" fora utilizada por Ricardo Salles em uma reunião ministerial com a presença do presidente Bolsonaro em 22 de abril de 2020. Isso porque, segundo o ministro, a pandemia de covid-19 criava uma oportunidade ímpar para se editar ou revogar atos regulatórios e, assim, alterar o sistema de proteção ambiental sem que o governo se tornasse alvo de críticas, visto que o foco da imprensa estava na cobertura da pandemia. O vídeo dessa reunião viria a público posteriormente por decisão do Supremo Tribunal Federal (STF), no âmbito do inquérito que apurava a acusação de Sergio Moro de que o Poder Executivo tentara interferir no trabalho da PF.

Após a entrevista, entrando em casa, meu irmão Carlos percebeu meu semblante fechado e veio mais uma vez até mim, para saber o que havia acontecido.

— O que aconteceu é que agora as coisas vão ficar realmente sérias — respondi.

Telefonei em seguida para a PF do Amazonas e conversei com o meu número dois na Superintendência, o delegado Max Eduardo Alves Ribeiro, um pernambucano corajoso, inteligente e leal a toda prova. Pedi que acelerasse o envio da equipe responsável pela inserção das hastes metálicas nas toras cujos laudos atestavam extração ilegal. Eu sabia que, considerando o clima de hostilidade que vínhamos enfrentando para manter a operação de pé, uma nova crise se abriria no nosso horizonte e possivelmente seríamos obrigados a recuar. E, assim que recuássemos, os traficantes de madeira tentariam recuperar a carga.

Na entrevista eu critiquei, até onde pude, a política ambiental do governo, representada na figura de Ricardo Salles. Instantes depois de sua publicação no site da *Folha*, a sinfonia de alertas de mensagem recomeçou. Dessa vez eram colegas da polícia, de diferentes cargos e instâncias hierárquicas, que festejavam a "ousadia" do meu gesto. E algo me dizia que aquilo não ia durar. Desde que assumi meu primeiro cargo na Amazônia, em 2011, estive inúmeras vezes na chamada "tábua da beirada", a um passo de cair. O combate ao crime ambiental na Região Norte, que já envolvia uma luta desigual contra sujeitos ligados a órgãos estaduais e federais, assim como a políticos variados, incluía agora um ministro de Estado desacreditando um trabalho responsável que resultara numa apreensão histórica e em enorme prejuízo para um esquema criminoso imensamente rentável.

No momento em que a entrevista à *Folha* terminou, pensei: *Talvez tenhamos perdido um motor do avião.* Quando soube do impacto que ela provocou nos gabinetes em Brasília, pensei: *Perdemos o outro, mas talvez ainda seja possível fazer um pouso*. Eu já havia enfrentado críticas agressivas em situações anteriores, sobretudo ao longo da Operação Arquimedes, em 2017. Em todas essas outras vezes me arrisquei e pude continuar meu trabalho — na verdade, nunca achei que tivesse outra opção. No começo de 2021, quando a Operação Handroanthus ainda pegava fogo, Rolando Alexandre, que exerceu o comando da Direção-Geral de maio de 2020 até abril do ano seguinte, lançou os termos do que poderia ser uma "saída honrosa" para mim.

Estávamos em um churrasco com os 27 superintendentes

da PF no país e ele, de repente, comentou que, como eu já tinha ficado muito tempo no Norte e estava sofrendo ameaças, eu poderia designar alguém para dar continuidade ao meu trabalho. E aí foi levantada a possibilidade da minha transferência para a Superintendência do Espírito Santo — uma ideia que, na época, me pareceu razoável. Tais sondagens podiam ser apenas tentativas de me tirar da "ponta", onde eu vinha fazendo barulho. Mas, seja como for, indicavam um panorama minimamente respeitoso e o consenso de que, no fim do dia, eu estava apenas tentando fazer o meu trabalho.

Entretanto, na época da publicação da entrevista dada por Ricardo Salles ao *Estadão* e da minha, concedida à *Folha*, a Direção-Geral da PF estava nas mãos de Paulo Maiurino. Ele ficara cerca de dez anos fora da PF, ocupando cargos de confiança em outras instituições públicas, e talvez não tivesse muito interesse em preservar quem, como eu, começava a "incomodar". Convoquei os delegados Max Eduardo, Anderson de Andrade Bichara, Henrique Albergaria e Thiago Leão Bastos para um encontro emergencial. Desde a reunião de Salles no hotel Açay, esse pequeno grupo vinha trabalhando comigo na elaboração de uma notícia-crime que, por envolver um ministro e um senador, deveria ser enviada ao STF o mais rápido possível.

As provas que colhemos demonstravam que Ricardo Salles havia reunido um grupo de madeireiros que exerciam atividades ilegais em grande escala para que eles providenciassem e entregassem documentos fraudulentos à PF. Os atos de Salles não apenas dificultavam a fiscalização ambiental, como também obstruíam a investigação policial. Dispúnhamos, ainda, de elementos para denunciar o senador Telmário Mota e o presidente do Ibama, Eduardo Bim, por dificultarem a ação fiscalizadora do Poder Público, por advocacia administrativa e por organização criminosa.

A conduta de Salles seguia a mesma linha de ação já adotada por ele quando secretário de Meio Ambiente do estado de São Paulo, no governo Geraldo Alckmin. Um inquérito civil instaurado pelo Ministério Público paulista em 2016 apontara alterações no texto de um decreto do plano de manejo da Área de Proteção Ambiental Várzea do rio Tietê sem manifestação da área técnica, modificações em mapas elaborados por técnicos da Universidade de São Paulo (USP) e perseguição a funcionários da Fundação Florestal.[5]

As conclusões desse inquérito lastrearam a ação de improbidade na qual Ricardo Salles foi condenado, em dezembro de 2018, e cujo objeto eram irregularidades na aprovação do plano de manejo. A sentença, proferida pelo juiz da 3ª Vara de Fazenda Pública de São Paulo, é um documento profético do que viria a acontecer na Amazônia, só que em escala muito maior. A defesa apelou para a instância seguinte, o Tribunal de Justiça de São Paulo, onde, num julgamento interrompido quatro vezes e que levou quase cinco meses para ser concluído, Salles acabaria absolvido, em março de 2021.

No Ministério do Meio Ambiente, Ricardo Salles teve a possibilidade de ampliar para todo o país artifícios burocráticos irregulares, a fim de facilitar o descumprimento da legislação ambiental em benefício de empreendimentos econômicos — lícitos ou ilícitos. Se a atuação de Salles fosse mais discreta, teria mais chance de ser bem-sucedida. No entanto, sua conduta ostensiva em defesa de desmatadores, madeireiros desonestos e grileiros, especialmente entre 31 de março e 7 de abril, colocou-o no centro da nossa investigação. Se ignorássemos suas tentativas de advogar pelos acusados e de prejudicar as investigações, estaríamos incorrendo em prevaricação.

No que se referia a Salles, Telmário Mota e Eduardo Bim, a notícia-crime estava pronta para ser encaminhada ao STF. Precisávamos, porém, de mais tempo para incluir a deputada Carla Zambelli e o senador Zequinha Marinho na peça. Eu sempre fui bastante conservador ao incriminar alguém, ciente de que convicções não substituem provas. Metade do grupo com o qual eu trabalhava votou por esperar; a outra metade, por encaminhar de imediato o que tínhamos em mãos. Se eu fosse afastado do cargo de superintendente do Amazonas, era possível — ou mesmo provável — que a Handroanthus fosse enterrada e meu sucessor não levasse a denúncia contra Salles e Mota adiante. Eu tinha o voto de Minerva e declarei:

— Não dá para esperar mais. Podemos fazer uma peça complementar depois. O ótimo é inimigo do bom. Já está pronta. Vamos dar entrada, sim.

Restava um dilema: avisar ou não avisar à Direção-Geral da PF? Telefonei para Jorge Pontes, àquela altura já aposentado como delegado, em busca de um conselho. Em situações difíceis, é comum na PF que se procure um antigo chefe para conversar. No meu caso, esse chefe sempre será o Pontes. Expliquei a situação e ele sugeriu que eu fizesse um comunicado à Direção-Geral vinte minutos depois de dar entrada na denúncia no sistema do STF.

— Vinte minutos depois, não antes.

Uma fonte dentro do Supremo Tribunal Federal também havia nos alertado para o risco de vazamento ou de obstrução. Se a representação contra Salles vazasse e o diretor-geral nos mandasse parar, a situação ficaria pior. Em momentos como aquele, considerando o que estava em jogo e os riscos que enfrentávamos, era preferível pedir desculpas a pedir autorização. Se a autorização fosse negada, seria bastante complicado pedir desculpas depois. Assim, em 14 de abril de 2021, abri o site do STF e dei entrada na notícia-crime que denunciava as ações de Ricardo Salles, Eduardo Bim e Telmário Mota pelos crimes previstos no artigo 69 da Lei nº 9.605/1998 (obstar ou dificultar a ação fiscalizadora do Poder Público no trato de questões ambientais), no artigo 321 do Código Penal (advocacia administrativa) e no artigo 2, § 1 da Lei nº 12.850/2013 (organizações criminosas). Vinte minutos depois, fiz o comunicado à Direção-Geral da PF.

No dia seguinte, 15 de abril de 2021, eu saberia da minha exoneração pela imprensa. Não houve nenhum telefonema para mim do diretor-geral, Paulo Maiurino, nem tampouco de ninguém abaixo dele na hierarquia da PF.

Em 20 de abril, a minha exoneração já constava do *Diário Oficial* e Leandro Almada da Costa já havia sido designado novo superintendente do Amazonas. Eu seria a primeira de muitas peças movidas nos quadros da PF na esteira das investigações envolvendo Ricardo Salles, mas o único superintendente regional a ser afastado em tais termos. Uma representação ao STF contra um ministro de Estado por parte de um superintendente da PF também era um fato inédito e chamou a atenção da sociedade para a importância da Operação Handroanthus. Minha exoneração, ocorrida logo após eu dar entrada na notícia-crime, gerou ainda mais interesse sobre o assunto. Possivelmente graças a essa atenção da opinião pública e da imprensa, a operação conseguiu sobreviver, ainda que em estado de coma profundo. A opinião pública compreendeu de pronto que não era apenas o meu cargo que estava em jogo, e sim a maior apreensão de madeira ilegal da história do país e a possibilidade de levar os responsáveis à Justiça.

Dois meses mais tarde, entretanto, eu seria recriminado por alguns por não ter feito críticas diretas ao presidente Jair Bolsonaro e acusado de ter defendido o governo no programa de entrevistas *Roda Viva*, da TV Cultura, em 7 de junho de 2021. Algumas pessoas não entenderam que, em determinadas situações, é preciso manter uma postura diplomática, sem abrir mão dos princípios, para poder continuar atuando na ponta, no combate ao crime ambiental. O paradoxo é este: eu só consegui enfrentar os criminosos ambientais do Norte do país, e o então ministro Salles, porque eu ocupava o cargo de superintendente; mas só permaneci na Superintendência porque mantive, até onde foi possível, uma postura técnica, tentando encontrar pontos de convergência e suporte para a continuidade do combate ao crime.

É claro que eu não estava contente com a minha exoneração. Eu temia o que poderia acontecer com a Handroanthus assim que saísse do Amazonas. Cheguei a sugerir a Leandro Almada a minha permanência no estado, como simples delegado, de modo a continuar à frente do inquérito. Ele argumentou que eu havia dado prejuízo para muita gente poderosa e que, sem o suporte da Direção-Geral, o terreno estava perigoso demais para mim. Em tese, eu poderia seguir com o inquérito a distância. Entretanto, já era esperado que a operação fosse pouco a pouco sendo sabotada e abandonada pela nova direção. Os peritos acabariam sendo afastados e eu me veria sozinho, de longe, com o encargo de tocar um inquérito gigantesco. A conversa com Almada me convenceu de que não tinha jeito. Em contrapartida, ele propôs que eu indicasse alguém da minha confiança para aquela função. Sugeri que o delegado Leão, que certamente seguiria fazendo um bom trabalho, continuasse à frente do inquérito.

Foram-me oferecidos quatro caminhos e em nenhum eu voltaria a trabalhar como superintendente: retornar para Boa Vista, em Roraima; retornar para São Luís, no Maranhão; retornar para Nova Iguaçu; ou seguir para Volta Redonda, onde ficaria perto do meu filho e havia uma delegacia que eu já chefiara em 2009. Lá eu contava com muitos amigos, mas era um final melancólico para dez anos na Amazônia. Paguei um preço alto. Porém, mais uma vez, não achava que houvesse outra opção, a não ser fazer o que fiz. Encaminhar a notícia-crime ao STF era, para mim, tanto uma obrigação técnica quanto uma questão de princípios, de "vergonha na cara". Apesar de ficar triste por ter sido expelido de um trabalho que amava e desligado de uma equipe de policiais que estimava, eu estava também orgulhoso por não ter me curvado.

OPERAÇÃO AKUANDUBA: O COMEÇO DO FIM PARA SALLES?

A divindade Akuanduba integra a cultura dos Arara, povo indígena aldeado no Pará, e acabaria conhecida nacionalmente em 19 de maio de 2021, dia em que a Delegacia de Repressão à Corrupção e Crimes Financeiros (Delecor-DF), braço da Superintendência da PF do Distrito Federal, deflagrou a fase ostensiva da operação batizada com seu nome. Para os Arara, quando os homens desafiam as normas e cometem excessos, é Akuanduba quem restabelece a ordem, fazendo soar sua flauta mágica.

O delegado Franco Perazzoni, então chefe da Delecor-DF e à frente da Operação Akuanduba, é um estudioso do meio ambiente e do combate ao crime ambiental, uma referência não apenas na PF, mas também no mundo acadêmico, com diversas obras publicadas. Ele já havia coordenado outras operações ambientais icônicas, como a Curupira, em 2006, sob o comando da Superintendência de Mato Grosso, e atuado como delegado na Delegacia Regional de Combate ao Crime Organizado (DRCOR) no Amazonas, entre 2014 e 2016.

A Akuanduba era uma complexa investigação que abrangia crimes como corrupção, advocacia administrativa, prevaricação e um vasto esquema de facilitação de contrabando de produtos florestais, implicando agentes públicos e madeireiros. Naquele 19 de maio de 2021, foram cumpridos 35 mandados de busca e apreensão no Pará, em São Paulo e no Distrito Federal. O ministro Ricardo Salles e Eduardo Bim, presidente do Ibama, estavam entre os investigados. Por determinação de Alexandre de Moraes, ministro do STF e relator da Operação Akuanduba, Bim e outros nove agentes públicos foram afastados dos seus cargos naquele mesmo dia.

O inquérito, instaurado em 26 de janeiro de 2021 por Perazzoni, teve como ponto de partida um ofício expedido pelo delegado Rubens Lopes da Silva, ainda chefe da DMAPH. O ofício vinha acompanhado de uma série de documentos enviados pela Embaixada dos Estados Unidos no Brasil diretamente para a DMAPH. Ali, Bryan Landry, adido da United States Fish and Wildlife Service (USFWS), agência do governo norte-americano subordinada ao Departamento do Interior, dava notícias sobre uma apreensão realizada no estado da Geórgia: três contêineres de madeira de origem brasileira sem a devida documentação do Ibama. As investigações da USFWS, responsável nos Estados Unidos pela conservação, proteção e pelo controle da pesca, da vida selvagem e de seus habitats naturais, apontavam para um esquema envolvendo servidores públicos brasileiros, além de particulares no Brasil e nos Estados Unidos. O esquema seria uma tentativa de "esquentar", por meio de documentos falsos, madeira extraída ilegalmente para comercializá-la no exterior.

Landry também denunciava o fato de outros alertas das autoridades estadunidenses a respeito de cargas de madeira com fortes indícios de ilegalidade terem sido ignorados pela chefia do Ibama ao longo de 2019. Com efeito, no mês seguinte à apreensão na Geórgia, o superintendente do Ibama do Pará concentraria seus esforços em convencer a USFWS a liberar os produtos retidos. Ainda segundo Landry, também o presidente do Ibama, Eduardo Bim, se empenhara muito mais em encontrar interpretações normativas que levassem à liberação da carga do que em discutir o comportamento suspeito dos agentes públicos. A adidância da USFWS e a presença de Bryan Landry no Brasil eram fatos recentes, possivelmente consequências de outra operação da PF, deflagrada em 2018, no Amazonas. Chegaremos a ela no devido tempo.

Finalmente, em 17 de junho, Perazzoni acabou sendo afastado do comando da Delecor e o delegado Gustavo de Souza Buquer dos Santos assumiu o lugar. No caso da Handroanthus, talvez a Direção-Geral da PF ainda pudesse argumentar que minha exoneração da Superintendência do Amazonas não fora uma consequência das minhas críticas a Ricardo Salles; já no caso da Operação Akuanduba, a perseguição promovida pela cúpula da PF contra quem investigava o ministro ficava evidente.

Perazzoni sofreu uma dupla punição: não apenas perdeu o cargo que ocupava, como teve vetada a sua promoção ao posto de diretor da DRCOR. Aquela promoção era dada como certa: a minuta da portaria a ser publicada no *Diário Oficial* já estava na mesa de Paulo Maiurino. Só precisava ser assinada. Perazzoni havia sido indicado para assumir a DRCOR pelo superintendente regional do Distrito Federal, delegado Hugo de Barros Correia. A recusa do delegado Hugo a buscar outro nome para a função para a qual havia indicado Perazzoni foi o motivo que o levou a ser exonerado quatro meses depois.

A função de delegado de combate ao crime organizado corresponde ao número três na hierarquia de uma Superintendência Regional. É posição de grande relevância, visto que é a DRCOR quem define as questões nas quais as Superintendências devem concentrar seus esforços investigativos. O perfil de Perazzoni é conhecido dentro da PF. Até os tijolos do edifício-sede sabiam que ele priorizaria o combate à corrupção e aos crimes ambientais. No governo de Jair Bolsonaro, uma DRCOR com esse perfil geraria muitos problemas, ainda mais na Superintendência do Distrito Federal: é lá que tramitam os inquéritos que investigam políticos influentes e sobre os quais o presidente da República tem interesse direto. Um deles investigava um de seus filhos. Contudo, mesmo afastado da chefia da Delecor, Perazzoni pôde continuar conduzindo as investigações no âmbito da Akuanduba. Ao menos por um tempo.[6]

Na manhã de 23 de junho de 2021, Perazzoni chegou à sede da Superintendência do Distrito Federal, trancou-se em sua sala e entrou em transe produtivo. Sua capacidade de concentração era conhecida. Ele precisava analisar as informações registradas nos laudos periciais e as obtidas por agentes federais para poder preparar os passos seguintes da Operação Akuanduba — uma representação para o Supremo Tribunal Federal e os pedidos de prisão preventiva do ministro Ricardo Salles e da cúpula do Ibama figuravam no seu horizonte.

Perazzoni já sabia que a operação estava em risco. A pressão sobre ele aumentava a cada dia, vinda especialmente do chefe da Diretoria de Investigação e Combate ao Crime Organizado (Dicor), o terceiro na hierarquia da PF, Luís Flávio Zampronha. Em contrapartida, Perazzoni acreditava que o ministro do Supremo Alexandre de Moraes estaria disposto a autorizar afastamentos e prisões, se as provas obtidas pela PF apontassem tal necessidade. Para além de indícios de crimes encontrados pela PF, Ricardo Salles tinha se recusado a entregar seu celular funcional à polícia, o que criava uma situação de possível ocultação de provas. Tal atitude, por si só, viabilizava o pedido de prisão preventiva (apenas em 7 de junho, ou seja, dezenove dias depois da deflagração da Akuanduba, Salles entregara seu aparelho, por determinação de Moraes).

Também pesava sobre Salles a suspeita de que estaria utilizando a própria mãe, de quem é sócio num escritório de advocacia no estado de São Paulo, como "laranja" para dar curso a atividades ilegais.[7] Os relatórios da PF apontavam movimentações financeiras atípicas no total de 14,1 milhões de reais entre 2012 e 2020, sendo que parte delas fora realizada após a posse de Salles na pasta do Meio Ambiente, no início de 2019. Àquela altura, também era notório que o ministro estabelecera relações próximas com madeireiros que tinham um longo histórico de contravenções ambientais.

O "transe produtivo" de Perazzoni foi interrompido pela entrada do delegado Renato Pagotto Carnaz em sua sala. Naquele momento, Pagotto era o chefe da DRE na Superintendência do Distrito Federal. Anos antes, ele havia trabalhado na Divisão de Repressão a Crimes Fazendários (DFAZ) sob o comando de Perazzoni. Eles mal se conheciam, mas, de imediato, não haviam conseguido se entrosar. Tanto que, naquela ocasião, Perazzoni solicitou ao coordenador da área a transferência de Pagotto, que acabou lotado na Superintendência do DF.

Pagotto não tinha uma razão específica para ir até a sala de Perazzoni naquele 23 de junho de 2021. Tampouco intimidade para avançar, depois que o escrivão na sala contígua lhe dissera que Perazzoni não queria ser interrompido naquele momento. Pagotto ignorou o aviso, entrou no recinto e fez uma pergunta nada usual para um policial que não participava da Operação Akuanduba:

— E aí, está representando?

— Estou, sim. Estou de saco cheio e vou representar pela prisão de todo mundo — respondeu Perazzoni, impaciente.

É impossível afirmar se a pergunta de Pagotto e a resposta de Perazzoni tiveram algum papel no desenrolar dos acontecimentos, mas, coincidência ou não, fato é que naquele mesmo dia, 23 de junho de 2021, Ricardo Salles pediu a própria exoneração.

A situação de Salles vinha se complicando a cada dia e a proteção oferecida pelo presidente gerava um grande desgaste político e institucional. No entanto, a saída de Salles do ministério parece ter sido menos uma queda e mais uma jogada para criar uma questão de jurisdição. Com a renúncia, Salles também perderia o foro privilegiado. Assim, a representação enviada por Perazzoni sairia das mãos de Alexandre de Moraes e a notícia-crime encaminhada por mim correria grande risco de se perder nos labirintos da Justiça.

No começo de julho, a cúpula da PF derrubaria outra peça-chave nas investigações que atingiam Ricardo Salles. Luís Flávio Zampronha, que respondia pela parte operacional da PF, foi o encarregado de promover o desmonte da DMAPH, responsável pelas questões de meio ambiente e patrimônio histórico. Primeiro, pediu a exoneração de Rubens Lopes da Silva da chefia dessa Divisão, a mesma que acolhera as denúncias dos norte-americanos que deram origem à Operação Akuanduba. O chefe direto de Rubens, Cléo Mazzotti, à frente da Coordenação-Geral da Polícia Fazendária (CGPFAZ), não apenas se recusou a afastá-lo, como pôs o próprio cargo à disposição, caso fosse forçado a levar aquela ordem adiante.

Zampronha contornou o "obstáculo" determinando que a Divisão de Meio Ambiente da CGPFAZ passasse a ser subordinada à área que cobria crimes contra direitos humanos — um setor com orçamento e infraestrutura reduzidos. Com a DMAPH transferida para outra coordenação, o afastamento de Rubens Lopes da Silva se deu em seguida. Removendo Rubens e enfraquecendo a DMAPH, a cúpula da PF conseguia quebrar a espinha dorsal do combate ao crime ambiental no país.

A direção da PF também não queria que Perazzoni voltasse a tocar o inquérito da Operação Akuanduba. De acordo com o nosso Código de Processo Penal, um inquérito tem prazo de permanência na esfera policial. Findo o prazo, deve ser encaminhado à Justiça e ao Ministério Público. É atribuição do delegado responsável pedir, por meio de despacho no próprio inquérito, o seu encaminhamento. Se o inquérito não for encaminhado à Justiça no prazo legal, o delegado responsável pode ser punido ou repreendido. Mas Perazzoni não pôde ver o inquérito, porque seu acesso ao ePol, o sistema eletrônico de gestão de atividade da Polícia Judiciária, esteve bloqueado durante quatro meses por ordens superiores. Assim, o prazo do inquérito da Akuanduba venceu sem que Perazzoni pudesse acessar os procedimentos e encaminhar as provas à Justiça.

O último golpe seria desferido em novembro de 2021: a PF transferiu o inquérito da Akuanduba para a Superintendência do Pará, que o encaminhou para a delegacia de Altamira. Da mesma forma, o inquérito da Operação Handroanthus saiu da Delemaph do Amazonas e foi enviado para a delegacia de Santarém, no Pará. Eu já estava fora do tabuleiro. Perazzoni era a peça que faltava ser retirada.

3. Recriar o paraíso agora[1]

Roraima e a Operação Salmo 96:12

Eu estava havia quase nove meses no posto de superintendente da PF em Roraima quando, em março de 2012, fui informado de uma situação que vinha acontecendo na BR 174, rodovia federal que liga as capitais Boa Vista e Manaus e atravessa a Terra Indígena Waimiri Atroari. Entre o final da tarde e o começo da manhã, os indígenas estavam interditando com correntes os pontos da estrada que davam acesso ao seu território. Corria pela Superintendência a conversa de que nem mesmo os madeireiros se metiam a besta com os Waimiri Atroari, um povo que costumava levar às últimas consequências a luta pela sua sobrevivência e pela integridade da reserva. Achei a história potencialmente explosiva e, para entender melhor o problema, decidi verificar pessoalmente o que estava acontecendo.

A viagem era longa. Cerca de 600 quilômetros de estrada separam a capital de Roraima da reserva indígena. A vegetação típica e natural daquela região de Boa Vista é o lavrado, um ecossistema pouco conhecido entre os brasileiros. O nome "lavrado", por lembrar a palavra "lavrador", pode sugerir uma área agricultável, mas não é o caso. Trata-se de um ecossistema próprio, diferenciado de todos os outros — lembrando que o Brasil possui seis tipos de bioma, todos ameaçados: Amazônia (Amazonas, Pará, Roraima, Rondônia, Acre, Tocantins, Maranhão, Amapá, Mato Grosso); Pantanal (Mato Grosso e Mato Grosso do Sul); Cerrado (Distrito Federal, Goiás e parte da Bahia, Minas Gerais, Mato Grosso, Mato Grosso do Sul e Piauí); Caatinga (Nordeste, à exceção do Maranhão); Mata Atlântica (estados com litoral e Minas Gerais); e Pampa (Rio Grande do Sul). O lavrado é, basicamente, uma área parecida com o Cerrado/Savana, mas cercada pela floresta amazônica.

Então, depois de cerca de 50 quilômetros a partir de Boa Vista, era esperado que houvesse floresta. O que encontrei, entretanto, foram mais terras em processo de savanização, sem nenhum sinal de plantações nem de criação de animais. Como cabe aos órgãos ambientais dos estados autorizar o desmatamento para a utilização da área para agricultura, pecuária ou outra atividade produtiva, aquele cenário me pareceu suspeito. Ou aquele desmatamento não havia sido autorizado ou fora autorizado mas nada havia sido plantado, criado ou produzido ali. Embora meu campo de visão fosse limitado, sei que o agronegócio costuma concentrar sua produção nos arredores das rodovias, pelas quais a produção pode ser escoada com mais facilidade. Segui caminho por mais algumas horas, até que a paisagem de repente se transfigurou e a floresta amazônica ressurgiu, exuberante, exatamente na linha a partir de onde começava a terra dos Waimiri Atroari. Eles não podiam estar tão errados assim.

A reserva avança pelo Amazonas e, na altura da Vila Jundiá, já em Roraima, mas ainda próximo da reserva, há um posto avançado da PF. Ali perguntei a um agente veterano, chamado Luiz Carlos Monteiro Dasinger, que conhecia bem a realidade local, o que ele pensava daquele bloqueio. Ele me explicou que os indígenas não cobravam pedágio, a interdição realmente se restringia à noite e, mesmo que de modo pouco ortodoxo, isso ajudava na segurança da área. Para completar, o grupo indígena permitia a passagem de ambulâncias e cargas perecíveis.

Não foi difícil entender que se, por um lado, a interdição da rodovia era uma medida controversa, por outro, era efetiva. E não só pelas razões apontadas por Luiz Carlos. O bloqueio também contribuía para preservar a fauna local ao evitar, diariamente, a morte por atropelamento de centenas de animais que cruzavam a estrada à noite, além de dificultar bastante a chegada de todo tipo de criminoso a Roraima. Não por coincidência, o posto avançado da PF com frequência efetuava prisões de pessoas foragidas da Justiça.

A relação dos Waimiri Atroari com a BR 174 era antiga, trágica, e a ferida continuava aberta. Descontente com a invasão de suas terras, cinquenta anos atrás, seu povo ofereceu resistência à construção daquele trecho da via, de cerca de 125 quilômetros, tendo ocorrido, inclusive, conflitos com efetivos do Exército brasileiro.[2] A construção começou em 1970 e dos 3 mil indígenas que viviam ali restariam menos de quatrocentos na década seguinte, ou seja, pelo menos 85% daquela população desapareceu enquanto a BR 174 foi pavimentada ao longo do seu território. Foi um dos maiores ataques realizados contra uma população indígena no passado recente, culminando no gradual extermínio dos Waimiri Atroari. A ação estatal foi objeto de investigação pela Comissão Nacional da Verdade e ações judiciais foram promovidas pelo Ministério Público Federal.[3]

Quando o trecho da rodovia que secciona o território (e o ecossistema) da reserva foi concluído, em 1977, temendo que os indígenas sobreviventes pudessem organizar represálias a quem cruzasse o território, o Exército decidiu restringir a circulação de veículos por ali. Durante o dia, só podiam trafegar comboios sob escolta pela estrada; à noite, o próprio Exército se encarregava de fazer barreiras ao norte e ao sul do território indígena, não permitindo a entrada de nenhum veículo. O sistema de comboios foi interrompido logo depois, nos anos 1980, mas as barreiras seguiriam ativas até 1999. Segundo um documento redigido pelo coordenador técnico do Programa Waimiri Atroari em 2001, em 1999 o Exército teria transferido à Fundação Nacional do Índio (Funai), ao Programa Waimiri Atroari e aos próprios indígenas a incumbência de restringir o acesso ao seu território, agora, porém, sobretudo com o intuito de protegê-los de invasões e preservar a fauna local.[4] Quer dizer, as correntes que fechavam a estrada em 2012 eram as mesmas usadas pelo Exército brasileiro ali por 22 anos, de 1977 a 1999.

Nos três dias que passei na vizinhança da reserva, conheci a aldeia, conversei com suas lideranças e testemunhei a extensão do trauma que os remanescentes daquele povo ainda sofriam. Aos poucos, ficava claro que eles necessitavam do nosso apoio, mas eu precisava encontrar uma equação jurídica que justificasse a permanência das correntes no local. Naquele caso, o ideal seria recorrer ao Direito Administrativo, pois, segundo a melhor doutrina jurídica brasileira, o costume é uma fonte do direito. Assim, levando em conta que aquela ação havia sido sedimentada por anos a fio a partir de uma atividade incentivada e permitida pelo Estado, o costume certamente estava estabelecido. Além do mais, os indígenas estavam controlando o acesso apenas a terras indígenas. Naquela situação, qualquer ação da PF poderia ter efeito contrário e acabar transformando um problema pequeno (se é que havia de fato um problema ali) em uma confusão enorme. A estratégia mais sensata seria manter as coisas como estavam.

Não apenas voltei para Boa Vista sem interferir no controle noturno da estrada, como também autorizei a doação aos Waimiri Atroari de dois contêineres de madeira processada extraída ilegalmente na região e apreendida de um caminhão parado e vistoriado no posto da PF dali mesmo. A experiência toda me mostrou a importância da atuação indígena na proteção da floresta. A meu ver, nada mais justo do que eles ficarem com a carga de quem a destruía.

***

Quando foi confirmada a minha indicação para o posto de superintendente em Roraima, uma das principais recomendações dos meus chefes* — o diretor-geral Leandro Daiello, o corregedor-geral Valdinho Caetano e o então adido da PF em Paris, Jorge Pontes — foi ficar atento às questões indígenas e jamais fazer qualquer movimento dentro de suas terras sem antes ajustar a ação com a Funai e a Coordenação-Geral de Defesa Institucional (CGDI).

Todo esse cuidado se justifica. Atuações em área indígena estão entre as situações mais tensas do trabalho policial no Norte do país. Já houve casos em que, mesmo com toda a cautela possível, a ação policial terminou em desastre. E a doutrina de Leandro Daiello na PF era aprender com os erros para não repeti-los. Sendo eu um delegado jovem, ainda de primeira classe, que havia assumido minha primeira Superintendência com meros sete anos de experiência na corporação, as recomendações da Direção-Geral tinham um caráter ainda mais enfático. Cheguei a Roraima encarando a questão indígena no estado como uma das prioridades. E não poderia ter sido diferente. Uma vasta área de 101.700 km², correspondente a 45,18% da área total daquele estado, está ocupada por povos originários de oito etnias.[5]

Isso significa a existência de uma população de cerca de 38 mil pessoas que, em sua maior parte, vivia — e ainda vive — em um cenário de extrema vulnerabilidade. Sistematicamente, suas terras são invadidas por garimpeiros que po-

---

* Uma das maiores demonstrações de respeito e admiração entre os policiais federais é chamar de "chefe" aquele que não é mais seu chefe.

luem os rios com mercúrio, envenenando a água e os peixes, e madeireiros, que destroem florestas protegidas por lei. Os dois grupos são também responsáveis pela prática de caça ilegal. Tais ações têm impactos ambientais, mas também sociais, uma vez que reduzem a população de peixes e outros animais e a quantidade de árvores e vegetais, todos essenciais para a dieta indígena.

É preciso ter em mente que a floresta localizada nessas terras, bem como a sua fauna, não tem capacidade de prover sustento para um número maior de indivíduos. Assim, os invasores competem com esses povos pelos recursos da floresta. Queimadas, estupros e assassinatos, praticados por madeireiros ou garimpeiros contra a população local, são também fatos comuns, consequência da presença predatória de não indígenas em terras demarcadas. Os invasores ainda transmitem diversas doenças, que vão da conjuntivite ao vírus da aids e, mais recentemente, ao vírus que provoca a covid-19. Os confrontos entre os que defendem seu território e aqueles que o invadem por vezes são violentos, deixando vítimas em ambos os lados, mas principalmente entre os indígenas.

Um episódio ocorrido pouco antes da minha chegada era motivo de preocupação. Uma decisão de 2009 do STF a favor da demarcação da Terra Indígena Raposa Serra do Sol culminara na remoção de um grupo de fazendeiros de áreas ocupadas por alguns deles havia cerca de quarenta anos. A grande maioria vivia do plantio do arroz e, na falta de uma devida compensação do governo federal, muitos acabaram na miséria. A controvertida decisão acirrou os ânimos contra os indígenas da região de modo geral — mesmo contra aqueles que não tinham absolutamente nada a ver com a demarcação.

E os problemas não acabavam aí. Diversas operações policiais dos primeiros anos da década de 2010 comprovaram que recursos federais destinados à saúde da população indígena vinham sendo desviados por servidores corruptos de Roraima. A corrupção, em casos como esse, literalmente mata, em especial quando atinge de forma direta populações vulneráveis. Estudos apontam que indígenas, em contextos em que representam pelo menos 10% da população, são o grupo mais suscetível — a mortalidade infantil nessas comunidades é 40% mais alta do que no restante da população brasileira.[6]

Os recursos públicos vinham sendo desviados sobretudo através da contratação de voos de pequenas empresas aéreas que, em tese, deveriam fazer o transporte de equipes médicas e de medicamentos para as aldeias localizadas no interior da selva amazônica. Tratava-se de um serviço de alto custo e as licitações eram claramente direcionadas. Duas empresas se alternavam na prestação do serviço, por meio de acordos com o governo estadual. O esquema era simples: o contrato previa, por exemplo, quatrocentas horas de voo e, por tal serviço, pagava-se um valor X em reais; porém, apenas cem ou duzentas horas de voo eram efetivamente cumpridas. O restante do dinheiro era embolsado e não seria fácil comprovar que os outros voos não haviam sido realizados. O esquema beneficiava os proprietários das empresas concorrentes e eles se revezavam nos contratos de licitação. Até que um deles ficou descontente.

Em maio de 2011, Francisco Assunção Mesquita, o Chico da Meta, dono da Mesquita Transportes Aéreos, estava em uma pizzaria quando um Corsa preto parou, dois homens desceram, armados com pistolas, e o fuzilaram com seis tiros. Os assassinos fugiram, mas foram seguidos por um motoboy que trabalhava no local até a casa do mandante do homicídio: Vibaldo Nogueira Barros, mais conhecido como Vivi, dono da Paramazônia Táxi Aéreo. Vivi entendeu que o acesso de sua empresa às licitações da Fundação Nacional da Saúde (Funasa) em Roraima estava sendo prejudicado por Chico da Meta e encomendou a morte do concorrente.

Na época, eu vinha da delegacia da PF de Nova Iguaçu, município fluminense onde a vida de policial não era nada fácil, já que tínhamos de lidar, simultaneamente, com a atuação do jogo do bicho/caça-níqueis, das milícias e do tráfico de drogas, entre outros ilícitos. Mas, mesmo com toda essa experiência aí adquirida, fiquei assombrado diante de um assassinato cometido por capangas que, sem a menor cerimônia, seguiram diretamente para a casa do mandante após o crime, indiferentes ao fato de serem seguidos por um motoboy.

Vivi ficaria preso em uma sala do Estado-Maior da Polícia Militar. Valendo-se disso, e do fato de que se tratava de um exímio piloto de avião, especialmente dos papa-tango, como são chamados os pequenos monomotores largamente utilizados na Região Norte, ele planejou sua fuga. Driblar a guarda da PM não foi difícil para Vivi, que desfrutava bastante liberdade. Assim, um ano depois do assassinato de Chico da Meta, um pequeno avião, com o tanque cheio e mais alguns galões de combustível, o esperava em uma pista de decolagem no interior. O combustível extra indicava uma rota para fora do Brasil, provavelmente para um dos países que fazem fronteira com Roraima — Venezuela ou Guiana. A Guiana, em especial, com sua ampla área de garimpos ilegais, certamente teria lugar para um investidor e piloto habilidoso como ele.

Logo depois da decolagem, porém, a carga extra de combustível que, talvez por pressa, pode ter sido mal acondicionada, soltou-se e comprometeu o centro de equilíbrio da aeronave, que perdeu sustentação e caiu como um tijolo sobre um canavial, explodindo imediatamente. A notícia correu rápido e começou a ganhar força a teoria de que o acidente não passara de uma ação dispersiva, planejada por Vivi, para que ele fosse considerado morto no Brasil. Afinal, Vivi respondia a vários inquéritos na PF, e foi com base neles que determinei aos peritos que verificassem, *in loco*, no Instituto Médico-Legal (IML) de Roraima, se havia restado algum tecido do corpo que pudéssemos submeter a teste de DNA.

O material foi encontrado, coletado e comparado ao material genético fornecido pelos familiares de Vivi. O resultado confirmou que era mesmo dele o corpo encontrado nos destroços do avião. Esse episódio, ocorrido tão logo pisei em Roraima, me deu a dimensão do desafio que eu teria pela frente: aquele era um estado completamente dominado por uma oligarquia corrupta que levava seus negócios às últimas consequências.

O CRIME SE INFILTRA NA FLORESTA
Em março de 2012, a visão desoladora de parte da BR 174, em Roraima, parecia a síntese do panorama que fui conhecendo

ao longo dos meus dois primeiros anos no estado, com seus cerca de 223 mil km² de extensão. Até aquele ano, havia uma área de aproximadamente 166 mil km² de floresta amazônica de pé. Entre 1988 e 2019, porém, foram consumidos cerca de 8,2 mil km² de floresta — 4,7 mil km² apenas no período de 2001 a 2019. Em abril de 2012, aconteceu algo incomum: o Inpe liberara dados que apontavam para um aumento de 363% no desmatamento em relação ao ano anterior, enquanto os demais estados apresentavam taxas significativamente menores. Roraima estava, por exemplo, mais de 300% à frente do segundo colocado, Mato Grosso (com aumento de 96%), 400% à frente do Pará (-41%) e Amazonas (-38%) e mais distante ainda de estados como Maranhão (-73%) e Acre (- 45%).[7]

Como explicar essa discrepância? Em março de 2012, o crime ambiental estava sob forte pressão em uma área que se estendia do oeste do Maranhão ao sul do Pará, em sentido oeste, passando pelo norte de Mato Grosso, por Rondônia e pelo sul do Amazonas, até atingir o Acre — era o chamado "Arco do Desmatamento". A repressão tinha como sustentação a doutrina de "comando e controle" promovida pelo governo federal, através da PF e do Ibama, com apoio logístico das Forças Armadas. Essa ação, denominada Operação Arco de Fogo, mobilizava por longos períodos centenas de policiais federais e fiscais do Ibama. A resposta do crime foi migrar para um estado que não figurava entre os desmatadores históricos e, por isso, não estava na ordem do dia das operações de "comando e controle". A migração do crime de uma região para outra em decorrência do grau de repressão estatal é um dos grandes problemas dessa doutrina, baseada exclusivamente em ações ostensivas que contam com poucas informações de inteligência.

As organizações criminosas buscam, obviamente, o lucro fácil e, se possível, de baixo risco. Roraima não estava na rota das operações ostensivas e, dentro da PF, apesar de todos os esforços do delegado Jorge Pontes e de outros que seguiam seu exemplo, o crime ambiental continuava sendo considerado menor ou, pelo menos, longe de ser prioridade. Essa falha do sistema não passou despercebida pelos criminosos e eles entenderam que podiam atuar ali com tranquilidade. Estávamos prestes a descobrir que as fraudes por trás daqueles índices de destruição não vinham de um processo desordenado e aleatório, eram o resultado de esquemas muito bem estruturados.

As organizações criminosas têm características recorrentes, independentemente do tipo de atividade a que se dedicam. São elas: 1. acumulação de poder econômico de seus integrantes; 2. alto poder de corrupção, facilmente verificável no elevado número de servidores e ex-servidores envolvidos em fraudes nos sistemas oficiais de controle, inclusive no mais alto escalão do estado; 3. necessidade de lavagem de dinheiro para dar aparência de legalidade à origem dos ganhos; 4. grande poder de intimidação para fazer valer a chamada "lei do silêncio", premissa para que a organização siga atuando na clandestinidade; 5. divisão de territórios de atuação, para que cada criminoso saiba, de antemão, onde (e até mesmo quando) agir; 6. diversidade de campos de atuação; 7. estrutura empresarial, para que haja gerenciamento das atividades desenvolvidas.[8] Isso vale tanto para o tráfico de cocaína quanto para o tráfico de madeira.

Depois de coordenar, enquanto estive à frente da Delemaph do Rio de Janeiro, as operações Euterpe (2006), Iscariotes (2007) e Oxóssi (2009), ações importantes e efetivas na seara do combate ao crime ambiental e à corrupção, eu já chegava à Região Amazônica com um considerável lastro como investigador, além da fama de *workaholic*. Chegava, ainda, com a convicção de que o crime ambiental dificilmente é realizado sem uma rede de associações que inclui a conivência de servidores públicos. Quer dizer, eu tinha uma boa ideia de por onde devia começar para apreender carregamentos de madeira já derrubada, e não seria somente na ponta final, isto é, no meio da selva ou nas estradas.

A relação por vezes distanciada da PF com o tema do meio ambiente se refletia, como já disse, na distribuição de recursos e de pessoal na corporação. A tendência ainda hoje é que se invista significativamente menos no combate ao tráfico de madeira — e muitas vezes estamos falando de árvores com centenas de anos e de valor ambiental inestimável — do que no combate ao tráfico de entorpecentes, por exemplo. Em Roraima, a Delemaph contava com o delegado Fabrizio Garbi, dois agentes e um escrivão, enquanto a delegacia de repressão às drogas tinha uma base própria e, pelo menos, dez agentes, além de outros que chegavam cedidos de outros pontos do país.

Nada disso me desencorajou. A banda podre do Ibama do Rio de Janeiro foi responsável por muitos malfeitos, mas também nos ensinou que o primeiro passo para proteger o meio ambiente é varrer os órgãos de proteção ambiental em busca de focos de corrupção. Com isso em mente, chamei

Fabrizio Garbi para uma conversa. Queria saber se havia algum inquérito parado envolvendo servidores corruptos do Ibama local e descobri que havia um, o Inquérito Policial (IPL) Federal nº 0363/2010 — SR/DPF/RR. Expus minhas ideias e Garbi se animou.

— Mas você vai me dar os meios? — perguntou ele.

Conhecendo a realidade da PF, era natural que ele quisesse saber, e eu garanti que não só lhe passaria os modelos de representação judicial que havia levado comigo do Rio de Janeiro, como lhe daria todo o apoio de que precisasse. Ele era um delegado novato, não tinha liderado nenhuma operação até ali, mas estava evidente para mim que se tratava de um policial dedicado.

— Se você preferir que eu assine o inquérito junto, eu assino — disse a ele.

— Não precisa. Isso não é coisa que se faça. Vai parecer que estou com medo.

Nas semanas seguintes, o IPL nº 0363/2010, ainda embrionário, tornou-se uma das prioridades da Delemaph. Começamos a analisar os dados que já existiam e Garbi e sua pequena equipe avançaram na investigação, que se estenderia por um ano e eclodiria na Operação Salmo 96:12. Como na Euterpe, tudo havia começado com uma denúncia de fraude envolvendo funcionários do Ibama. Encontramos dois servidores honestos do instituto que estavam dispostos a falar e se tornariam fontes preciosas: Janize Augusta Ferro de Medeiros e Flávio Maciel de Souza. Eles nos deixaram a par do "organograma" que conheciam das conversas nos corredores do instituto — quem era quem e como cada um atuava — e nos mantinham informados sobre movimentações estranhas. Essa organização criminosa transcendia, em muito, a esfera de atuação da Superintendência do Ibama de Roraima.

A relação entre público e privado no estado estava tão caótica que, numa tarde de agosto de 2011, presenciei um episódio emblemático dessa situação na sede do Ibama regional. Eu havia ido lá para uma reunião com a superintendente do órgão, Nilva Baraúna — embora não pesasse nenhuma evidência contra ela, Nilva ocupava o cargo como uma espécie de rainha da Inglaterra, deixando o poder nas mãos de Cássio Mendes, chefe da fiscalização no Ibama. Tão logo pisei no prédio, fui avisado por Waldinelson, motorista da PF, que um fazendeiro estava ali desde a manhã, intimidando um grupo de funcionárias.

— Eu estou aqui e só saio com o meu processo — declarou o fazendeiro num tom ameaçador quando o abordei.

— Olha, eu sou delegado federal — respondi. — O senhor está constrangendo as servidoras. O seu processo vai ser analisado na ordem, e o senhor tem a opção de sair daqui agora por livre e espontânea vontade ou eu vou chamar uma viatura e o senhor vai sair daqui preso.

O sujeito, que era grandalhão, não fez menção de se mover. Acabei conseguindo colocá-lo para fora do prédio, mas aquela postura dele era bastante ilustrativa. Mais tarde, no caminho de volta para a Superintendência, Waldinelson chegou a fazer graça, me perguntando:

— Ô doutor, o cara era muito grande, o senhor não estava contando comigo não, né?

Na verdade, eu só contava com uma intuição: ninguém

ficaria horas num prédio federal constrangendo servidores públicos se não achasse que estava acima da lei. Por isso, antes de ir para a reunião, peguei o nome do tal fazendeiro — Mauro Dias Bergami — e o processo para o qual ele achava que podia exigir liberação imediata. Entreguei a documentação à Delemaph para análise assim que chegamos à sede. O resultado foi o que eu imaginava: Bergami acabaria preso por fraudes fundiárias no ano seguinte, na deflagração da Operação Salmo 96:12.[9]

O passo seguinte nas atividades de preparação da Salmo 96:12 seria obter autorização judicial para aprofundar o IPL nº 0363/2010. O delegado Fabrizio Garbi solicitou então ao Tribunal Regional interceptações telefônicas de diversos alvos, entre eles servidores públicos federais e estaduais, empresários, grileiros e madeireiros. Apesar de esse tipo de autorização ser corriqueira em qualquer investigação policial, o processo para obtê-la não é simples. Quando uma autoridade policial federal protocola uma representação solicitando medidas investigativas que dependem de ordem judicial, o documento é encaminhado à Justiça Federal. O juiz, antes de decidir sobre o pedido da polícia, pede uma manifestação do Ministério Público. Nessa etapa, com frequência, o delegado precisa convencer o promotor. A maioria dos procuradores não se restringe a verificar a legalidade do pedido nem a colaborar para incluir outros investigados.

O expediente da interceptação telefônica é delicado. Uma vez autorizadas a ouvir e gravar as comunicações de determinada pessoa ou grupo, as polícias assumem também responsabilidades. O agente que ouvir o planejamento de um homicídio durante uma conversa gravada, por exemplo, tem a obrigação de fazer tudo o que estiver a seu alcance para evitar aquele crime — sob pena de ser condenado por omissão. Por outro lado, para evitar abusos, a legislação brasileira exige que a interceptação telefônica seja renovada judicialmente a cada quinze dias. Assim, a cada quinzena, o delegado deve encaminhar ao juiz e ao Ministério Público um relatório do período anterior, mostrando o que já foi detectado e solicitando mais tempo para dar continuidade às investigações. Apenas quando elementos significativos são levantados naquele período, o juiz defere a extensão do prazo. Estamos acostumados a trabalhar assim e não era esse o nosso problema.

O problema era que na Operação Salmo o Judiciário estava demorando muito mais tempo do que o normal. Segundo a lei que regula as interceptações telefônicas, os pedidos devem ser decididos pelo juiz em 24 horas, mas nós nem sequer podíamos sonhar com isso. As conversas interceptadas pela Salmo 96:12 desde o início mostraram uma enorme quantidade de crimes, o que se repetiu em todos os períodos. Mesmo assim, o juiz levaria uma semana ou até duas para deferir cada solicitação da Delemaph, o que nos fazia perder o fio da meada e com frequência colocava a investigação em risco.

Afora isso, a minha relação com o juiz responsável pelo caso havia deteriorado bastante por conta de um episódio ocorrido pouco antes, envolvendo a repressão ao contrabando de gasolina da Venezuela, realizado intensamente na fronteira entre os dois países, no norte de Roraima, onde se localiza a cidade de Pacaraima. Na época, o litro da gasolina era vendido na Venezuela por centavos de real, um preço até dez vezes inferior ao do Brasil. Não existiam postos de gasolina em Pacaraima. Por isso a legislação permitia que a população local abastecesse na Venezuela veículos para uso próprio.

A fiscalização federal na faixa de fronteira não tinha como conferir, porém, se a gasolina adquirida tinha mesmo esse propósito ou se era destinada ao comércio ilegal em Boa Vista, que ficava a cerca de 200 quilômetros de Pacaraima. E havia muitos "gasolineiros" em atividade, contrabandistas especializados em fazer o transporte do produto venezuelano para revenda no Brasil. Certo dia um grupo foi preso em flagrante pelo delegado federal Marcos Ronki, mas o juiz responsável pelo caso não apenas ordenou a soltura de um deles, como também solicitou à Superintendência uma medida disciplinar contra o delegado. Discordei duramente daquela intervenção num trabalho que, a meu ver, era correto e não instaurei procedimento disciplinar contra Ronki.

Voltando à Operação Salmo 96:12, fato é que as interceptações de que dispúnhamos permitiram que descobríssemos ações importantes. Cássio Mendes, o chefe de fiscalização do Ibama regional, por exemplo, tinha fechado um importante posto do instituto em Rorainópolis, no sul de Roraima, justamente o lugar onde eram registrados os maiores índices de desmatamento no estado. Eu me perguntava que explicação poderia haver para aquela decisão estapafúrdia, senão o indício de participação de Cássio Mendes no arranjo da exploração ilegal.

A investigação de inteligência também apontou para um número considerável de empresas do ramo madeireiro local com antecedentes de infrações e multas. Fato é que alguém dentro do Ibama de Roraima vazava todas as tentativas de fiscalização que partiam de Brasília. Logo, graças às escutas, ficaria provado que Cássio Mendes estava, de fato, por trás daquele conluio na condição de informante: eu lhe enviei um ofício sobre uma operação que aconteceria no sul do estado e, instantes depois, foi interceptada uma conversa em que madeireiros eram avisados sobre a iminência da ação.

O CAMINHO ATÉ A FONTE DO PROBLEMA
Miramos a corrupção do Ibama de Roraima e as escutas dentro dessa instituição nos deram muito mais do que apenas alguns nomes e indícios de corrupção nos processos administrativos estaduais que autorizavam a extração de madeira em áreas da União. A interceptação telefônica mostrou um esquema muito bem estruturado para emissão de títulos de terras públicas, com áreas que podiam variar entre 1,5 mil e 10 mil hectares, o que é bastante, considerando que um hectare equivale a um campo e meio de futebol oficial. Assim, descobrimos como se dava todo o processo para "esquentar" a madeira obtida ilegalmente e qual a sua trajetória. Essas eram as informações fundamentais da qual precisávamos.

A peça-chave nessa cadeia produtiva ilegal era o DOF, o documento de origem florestal que deve acompanhar a madeira extraída das florestas brasileiras, do começo ao fim de seu trajeto, e que por isso desempenha um papel crucial nessa história. Como tal documento, gerado pelo Sistema de Documento de Origem Florestal (Sisdof), só pode ser emitido a partir de um processo administrativo que, desde a aprovação da Lei Complementar nº 140, de 2011, está nas mãos dos governos estaduais, o esquema fraudulento necessariamente se estendia aos órgãos responsáveis em Roraima.

A partir daí, começamos a olhar para alguns processos da Femarh, a Fundação Estadual do Meio Ambiente e Recursos Hídricos de Roraima. Uma primeira amostragem revelou peças zumbis, vazias, sem substância jurídica, cuja única utilidade parecia ser a geração de DOFs. Em alguns casos, encontramos vários processos envolvendo uma única área, quer dizer, autorizações para exploração de madeira para "proprietários" diversos, mas em uma mesma extensão de terra. Aquilo era grave.

Enquanto as investigações avançavam, a operação crescia e ia mudando de nome: o primeiro foi Abnoba, deusa da floresta na mitologia celta — escolha do delegado Fabrizio Garbi; depois, foi intitulada de Warren Dean, nome do historiador e brasilianista norte-americano que escreveu o livro *A ferro e fogo: A história e a devastação da Mata Atlântica brasileira* — uma sugestão minha. Quando entendemos que a operação estava ficando pesada para a estrutura restrita de que dispúnhamos na sede da Superintendência em Boa Vista, pedimos reforços a Oslain Santana, então chefe da Diretoria de Investigação e Combate ao Crime Organizado (Dicor). Na hierarquia da PF, o segundo posto, logo abaixo do diretor-geral, é o do diretor executivo (à frente da Direx, isto é, Diretoria Executiva), e o terceiro posto é justamente o de diretor da Dicor. Havia um ambiente de absoluta confiança entre nossa equipe e Oslain e sabíamos que, no que dependesse dele, a operação jamais vazaria.

Oslain se convenceu da importância daquele trabalho, mas acabou vetando o nome Warren Dean, sob o argumento de que a família do autor, já falecido, poderia não gostar de ver o nome do ente querido vinculado a uma operação policial. Alguns dias depois, chegamos ao nome Salmo 96:12. Não sou exatamente uma pessoa religiosa, mas achei que esses dois versos bíblicos carregavam o desfecho que esperávamos alcançar e a mensagem que queríamos passar: "Regozijem-se os campos e tudo o que neles há!/ Cantem de alegria todas as árvores da floresta."

Até onde eu sabia, ninguém no país havia investigado antes a cadeia do desmatamento na Amazônia desde sua origem, isto é, dentro das instituições públicas responsáveis por regular e fiscalizar a atividade madeireira. A burocracia que sustenta a exploração da floresta é complexa. Até o começo dos anos 2010, não havia nem mesmo um sistema de consulta digital sobre o assunto e os processos existiam apenas no papel, o que facilitava ainda mais a ocorrência de fraudes. Os envolvidos certamente não imaginavam que a Superintendência da PF de Roraima se empenharia em entender o funcionamento daquilo. Mas nós nos empenhamos e nos tornamos especialistas.

Partimos de um princípio básico: o Código Florestal determina que, à exceção de casos específicos, como áreas de preservação permanente, é possível fazer uma supressão vegetal de até 20% da área total de uma área privada desde que se detenha o título de propriedade, ou seja, quem quer uma autorização de exploração precisa começar com a obtenção do documento que comprove a propriedade ou a posse do local que pretende explorar. Se o ovo da serpente em Roraima estava no processo administrativo que autorizava o desmatamento e se o primeiro item necessário para se obter a autorização era o título da terra, precisávamos fazer algo relativamente simples: seguir a documentação da terra.

As investigações da Operação Salmo apontaram para a obtenção de títulos por meio de fraude com a participação do Instituto Nacional de Colonização e Reforma Agrária (Incra), órgão fundiário federal, e por meio do Instituto de Terras e Colonização de Roraima (Iteraima), que é o órgão fundiário do estado. Mas que terras eram essas? Para entender isso, é preciso lembrar que existem no Brasil áreas públicas sem destinação específica — são as chamadas "terras devolutas", previstas no artigo 20 da Constituição Federal. O Estado brasileiro ainda não decidiu o que fazer com essas enormes áreas, grande parte delas coberta de florestas, e que só podem ser vendidas por meio de licitação. Elas não foram consideradas territórios indígenas, não foram destinadas como Unidades de Conservação e também não são terras particulares. Parte dessas áreas foi cedida pela União aos estados — são as chamadas "glebas", um expediente que vem do período colonial.

O artigo 5º da Lei nº 11.952/2009 rezava que o cidadão que ocupasse e cultivasse uma certa extensão de terra da União na Amazônia Legal havia muito tempo poderia, até a data-limite de 22 de julho de 2008, regularizar a posse e receber um título de propriedade do Estado brasileiro. A área máxima de 1,5 mil hectares, prevista pela lei de 2009, subiu para 2,5 mil hectares na gestão de Michel Temer, pela Medida Provisória nº 759/2017. O governo de Roraima passou então a usar esse subterfúgio para distribuir títulos de terras, bastando que o beneficiado alegasse ocupação anterior a 2008, mesmo sem comprovação adequada. Esse era o primeiro passo na cadeia de fraudes que resultava na emissão indiscriminada de DOFs.

Para isso a organização criminosa, investigada pela Operação Salmo, cadastrava áreas em nome de "laranjas" no Sistema Nacional de Cadastro Rural do Incra (SNCR). Esses mesmos nomes seriam usados na regularização fundiária e no licenciamento ambiental das áreas adquiridas via distribuição ilegal dos títulos de terras devolutas da União. Segundo uma das representações feitas pelo delegado Fabrizio Garbi, os "contratos" prometiam dar a área para o "laranja" em troca da madeira a ser retirada dali. Também foram identificados casos em que os "laranjas" recebiam 20 mil reais por cumprirem o papel de intermediários na farsa.

O SNCR, porém, é um cadastro meramente autodeclaratório, que qualquer pessoa pode fazer pela internet. A fraude era, e ainda é, tão grosseira que a maioria dos dados acolhidos pelo Incra para emitir o documento que comprovaria a ocupação da área pertencia a pessoas que residiam em Boa Vista, a centenas de quilômetros dos locais supostamente por elas ocupados. Fabrizio Garbi encaminhou várias representações ao Poder Judiciário demonstrando que o cadastramento dos dados no SNCR gerava espelhos (ou cópias) de cadastro das áreas e que, por sua natureza autodeclaratória, aqueles documentos não eram aptos a comprovar nem posse nem propriedade. O delegado também explicou que as declarações expedidas pelo Incra e as certidões emitidas pelo Iteraima eram geradas sem qualquer verificação das informações prestadas pelo requerente.

Dito de outro modo: o sujeito preenchia um cadastro dizendo "a terra X é minha" e instituições do estado aceitavam aquela declaração como prova de posse ou propriedade para autorizar o licenciamento ambiental, sem qualquer checagem que pudesse comprometer a aprovação do pedido. Isso permitia que houvesse uma extensão de terra de Roraima com vários andares de sobreposição — ou seja, Roraima havia concedido vários títulos sobre a mesma área. Por quê? Porque os títulos serviam para duas coisas: conceder a terra e lastrear o processo que ia gerar o DOF. E isso seria feito quantas vezes fosse necessário para as demandas do tráfico de madeira.

Roraima, através do Iteraima, então presidido por Márcio Junqueira, estava distribuindo títulos de terras da União a rodo e na marra, sem qualquer licitação. Eventualmente, chegavam a 1,5 mil hectares para o pai, 1,5 mil para o filho, 1,5 mil para a mãe de uma mesma família. Assim, um mesmo indivíduo podia concentrar cerca de 10 mil hectares de floresta amazônica. Encontramos títulos de terra concedidos a um dentista, a um médico e a uma modelo, só para citar alguns. Aquelas pessoas certamente não tinham a intenção de plantar ou criar gado em Roraima, mas sabiam que havia algo precioso nas áreas que agora possuíam. O esquema era tão ostensivo que, à medida que avançamos, chegamos ao próprio governador do estado, José de Anchieta, que seria não apenas cúmplice, como também beneficiário, uma vez que era acusado de ter construído sua mansão em terras griladas da União.

Agora caberia ainda à PF investigar se as áreas que apareciam nos processos estavam realmente ocupadas antes de 2008 — e por ocupadas devemos entender produtivas e/ou sendo usadas para moradia. Aí entrou o trabalho impecável do perito criminal federal Herbert Dittmar: se havia ocupação antes de 2008, imagens de satélite daquele ano revelariam isso. Conseguir imagens de satélite de boa qualidade na época era difícil, dava um trabalho enorme para Herbert, mas os laudos que ele foi capaz de produzir conferiram força científica à investigação. Se alguém viesse reclamar, dispúnhamos de provas indicando que em 2008 ninguém ocupava o local em questão. A grilagem estaria comprovada.

A fraude na origem da terra evidenciava um *modus operandi* envolvendo falsidades documentais em série para dar uma aparência de legalidade à madeira de origem ilícita comercializada a partir de Roraima. O esquema contava com a participação de inúmeros indivíduos que atuavam (e ainda atuam) no tráfico, por meio de suas pessoas jurídicas infiltradas no setor madeireiro do estado e de servidores públicos de órgãos ambientais que recebiam propina. Nesse contexto, surgia também a figura do "papeleiro", um tipo de criminoso com contatos, especializado em fraudar planos de manejo, autorizações de exploração, licença de operação e créditos de madeira, enfim, "papéis" necessários para "esquentar/lavar" madeira de origem ilegal. Os papeleiros que descobrimos em

Roraima podiam tanto utilizar esses documentos em proveito próprio quanto consegui-los para terceiros.

Uma vez obtido o título de propriedade, o passo seguinte era conseguir autorização para explorar a madeira, ou seja, um documento chamado Autorização de Exploração Florestal (Autex). As Autex são autorizações ambientais emitidas pelos órgãos ambientais após terem sido cadastradas no sistema DOF. A emissão ficava a cargo da Femarh. Dentro da Femarh, manifestações contrárias à autorização de desmatamento, lançadas nos autos do processo por funcionários corretos, eram completamente ignoradas e a Autex era expedida. Aí chegava o momento do inventário florestal — quer dizer, a contagem de árvores em metragem cúbica de determinada área. Tais inventários são realizados por engenheiros florestais cadastrados no Conselho Regional de Engenharia e Agronomia. No caso dos processos periciados pela Operação Salmo em Roraima, víamos uma enxurrada de inventários com informações falsas.

Por fim, as autorizações de exploração e os dados dos inventários florestais gerariam créditos de exploração no Sisdof do Ibama de Roraima. O beneficiário recebia, assim, o registro de crédito DOF, que informava a quantidade de madeira que ele estaria autorizado a extrair. E, à medida que ele fosse extraindo a madeira, iria emitindo DOFs, que acompanham o produto até o consumidor final.

Para entender mais claramente o funcionamento do DOF, podemos pensar nos termos de um sistema bancário: a contagem registrada no inventário florestal serve como um saldo em conta-corrente. Já os DOFs funcionam como cheques. Cada vez que um número X de metros cúbicos de árvores é abatido, essa metragem é subtraída do saldo total disponível no sistema DOF. Uma autorização de exploração, em geral, autoriza a exploração de milhares de metros cúbicos de madeira, sendo comuns autorizações na faixa de 10 mil m³ de madeira em tora. Um hectare de floresta não fornece mais do que 50 m³ de madeira. Dessa forma podemos ter uma ideia do tamanho do estrago que uma única autorização de desmatamento pode causar no meio ambiente.

A melhor parte para os fraudadores era que, uma vez que o Incra e o Iteraima concediam e regularizavam a posse das terras, e a metragem a ser usada como créditos para DOFs estivesse determinada pela Femarh, a própria fundação estadual tratava de arquivar o processo administrativo. O titular das terras poderia desmatar sem jamais jogar ali uma semente de soja nem colocar um boi no local — exatamente o que eu havia visto nas terras ao longo da BR 174. Poderia, ainda, mascarar o abandono com os chamados "bois zeladores", um pequeno número de cabeças de gado distribuídas por fazendeiros em áreas desmatadas para lhes dar uma aparência de terras produtivas. Nesse ambiente, servidores federais do Ibama negociavam sua inércia ou cobravam por informações privilegiadas sobre as fiscalizações que seriam realizadas por colegas honestos. E ninguém jamais fiscalizaria a área nem auditaria os processos em busca de erros ou adulterações.

No cenário que a Operação Salmo revelou em Roraima, a maior parte das autorizações de exploração era emitida apenas para se conseguir os documentos que acompanhariam a madeira. Das 397 autorizações expedidas de 2009 a 2019, 59% (234) foram para uso alternativo do solo e criação de gado e 41% (163) para plano de manejo. O artifício utilizado com maior frequência na emissão dessas autorizações era a criação de gado, mas o objetivo real era a extração de madeira. Em algumas áreas, extraía-se a madeira de forma seletiva; em outras, com supressão total. O número de autorizações emitidas no período mostrava a facilidade e a agilidade na tramitação dos processos por parte dos servidores públicos envolvidos no arranjo.

Uma vez esgotados os créditos de DOF para uma área, nova autorização de exploração era obtida. Por essa razão havia tantas autorizações de uma mesma área no sistema e o registro de uma área tão grande liberada para exploração. A corrupção permeava o sistema do início até o fim do processo. Muitas dessas áreas autorizadas para desmatamento localizavam-se em regiões inacessíveis, em plena floresta virgem, longe de estradas e de rios navegáveis. Esses espaços também serviam como "laranjas", cuja única função era a geração de DOFs. A exploração muitas vezes não aconteceria ali, seria realizada de forma clandestina em outros pontos mais acessíveis e não autorizados (terras da União, Unidades de Conservação ou Terras Indígenas, por exemplo).

Após a extração da madeira, ela seria "esquentada" com aqueles créditos e, uma vez embarcada nos caminhões ou barcos que realizam esse transporte, estaria fora do radar dos órgãos de fiscalização, que não dispunham de meios nem para comprovar *in loco* sua origem ilícita nem a falsidade das informações dos documentos de origem florestal. Isso mudou nos dias de hoje, com a aplicação de novas tecnologias e metodologias de investigação, mas, ainda assim, não é tarefa fácil combater esse tipo de crime.

GUERRA INSTITUCIONAL

Para uma análise mais abrangente dos processos administrativos arquivados no Iteraima, enviamos um ofício ao instituto solicitando acesso irrestrito de nossa equipe ao material. Por dias, nosso ofício seria ignorado e a papelada não seria entregue nos termos da cortesia institucional. Era evidente que o seu presidente, confiante de que um juiz federal não daria a ordem de apreensão, estava tentando ganhar tempo — talvez para "arrumar" a casa, mascarando fraudes, talvez com a intenção de dar sumiço em documentos comprometedores. Vale lembrar que, em plena era digital, os processos estavam todos em papel e poderiam, de fato, "sumir" a qualquer momento sem deixar vestígio. Na época das buscas, chegamos a encontrar alguns deles nas casas de servidores.

Contudo, enquanto fazíamos pressão no Iteraima para ter acesso à documentação, a nossa sorte virou: entrou em vigor a Lei nº 12.830/2013, que permite ao delegado requisitar processos e documentos ao longo de investigações criminais. Imediatamente, fiz um ofício evocando a lei e convidei o procurador da República Paulo Taek e o delegado Fabrizio Garbi, além de um escrivão e dois agentes, para uma ida ao Iteraima. Partimos em três viaturas e voltamos de lá carregados. Tínhamos ali mais de 2 mil processos e uma equipe que havíamos conseguido engordar e agora contava com dez pessoas. Não foi trivial analisar aquilo tudo, mas foi produtivo: encontramos fraudes em centenas de processos, o que se comprovaria nos laudos periciais.

A resposta política à apreensão feita no Iteraima não foi boa. Depois daquela ação, fui chamado pelo governador José de Anchieta para uma reunião a portas fechadas no palácio do governo, com a presença do presidente do Iteraima e do senador Romero Jucá (MDB-RR). Como eles não haviam chamado o Ministério Público, tomei eu mesmo a iniciativa e compareci à reunião acompanhado do procurador Gustavo Kenner Alcântara. Ao entrarmos, demos de cara com Helder Girão, o juiz federal responsável pelo processo. Para mim, ficou nítido naquele momento que a ideia do encontro era me emparedar. Mas, ao ver um procurador da República a meu lado, o juiz apenas nos cumprimentou e saiu, dizendo estar ali de passagem.

Assim que o juiz se despediu, o governador deu início à reunião afirmando que o estado precisava desenvolver a agricultura e que uma licitação de compra de calcário, que seria direcionado a determinados produtores, estava em andamento. Resumindo muito, do ponto de vista de Anchieta, a paralisação gerada devido à apreensão dos processos administrativos pela PF estava atrapalhando não apenas a transação em curso, mas toda a economia do estado. Romero Jucá também falou em favor dos "agricultores" locais elogiando sua contribuição para a geração de riquezas no estado. Muito educado, inteligente e agradável, Jucá é, na minha avaliação, um personagem potencialmente perigoso. Mas, mesmo com toda essa astúcia e o poder político que acumulava em

Brasília e no estado, naquele momento ele não tinha nenhuma influência no Ministério da Justiça. Então, por mais que tenha tentado, não conseguiu ver suas demandas atendidas.

O diretor-geral da PF na época, Leandro Daiello, tinha total autonomia e não admitia que pressões políticas pudessem interferir, ou mesmo parecessem interferir, no trabalho da corporação. Uma prova disso é que, mais à frente, quando já havíamos combinado que eu partiria para a Superintendência do Maranhão, ele preferiu esperar. Não queria que ninguém pudesse atribuir a minha transferência a intimidações daquele tipo. Daiello sabia que, se passasse essa impressão, as pressões apenas aumentariam.

De minha parte, fui cordial na reunião, ouvi o que cada um tinha a dizer, mas minha resposta foi simples e direta:

— A gente não está atrapalhando em nada. Aquilo ali é crime.

A cada "veja bem" que reverberava pela sala, eu rebatia com mais força — ocasiões em que o procurador Gustavo Kenner Alcântara se juntava a mim — e procurava expor as provas do esquema ilegal que todos ali já conheciam e que nada tinha a ver com a atividade agrícola roraimense. Por fim, para que não dissessem que eu não era colaborativo, sugeri que o governador me encaminhasse a lista dos processos que ele considerava urgentes. Garanti que em uma semana todos estariam analisados. A tal lista, porém, nunca chegou à Superintendência, o que é uma pena.

Talvez a ideia de colocar em cena um delegado da Polícia Civil chamado Marcos Lázaro tenha surgido a partir dessa reunião. Lázaro, também agraciado pelo governo do estado com um título de terra, era conhecido na região por lançar mão de uma conduta especialmente violenta em benefício de grileiros locais importantes. Ele fez uma representação contra mim, o escrivão Jeremias e o delegado Fabrizio Garbi sob a alegação de abuso de autoridade e falsidade ideológica no caso dos processos apreendidos no Iteraima. O pedido de Lázaro incluía busca e apreensão na minha casa e na Superintendência de Roraima. Um delegado da Polícia Civil pedir busca e apreensão contra um superintendente da PF na Justiça Federal era algo tão disparatado que o juiz Helder Girão não teve escolha: arquivou a representação. E eu também não tive escolha a não ser contra-atacar. Minha resposta se deu nos mesmos termos, através de uma representação contra Lázaro por usurpação de função pública, o que foi acolhido pelo Ministério Público e lhe rendeu uma condenação.

Mas essa não foi a única oportunidade na qual o nome de Lázaro surgiu no escopo de investigações da PF em Roraima. Em junho de 2012, com base em denúncias que apontavam práticas como subtração de droga, dinheiro e bens pessoais de investigados por parte de policiais civis de Roraima, a PF instaurou um inquérito que deu início à Operação Cannis Lupus. Em setembro de 2013, a Superintendência em Roraima deflagraria a ação, que resultou na prisão de vários policiais civis por suspeita de crimes como peculato, tortura, corrupção ativa e passiva, venda e tráfico de armas, posse ilícita de droga, contrabando, crime eleitoral (compra de votos), receptação, formação de quadrilha (associação criminosa) e usura. A ação no Iteraima e a Operação Cannis Lupus fizeram com que a situação ficasse muito tensa e a todo instante chegavam rumores de informantes de que crescia a animosidade dos policiais civis ligados ao crime e ao delegado Marcos Lázaro. Diante disso, o diretor-geral considerou que o momento da minha transferência para o Maranhão tinha chegado.

O VALOR DA MADEIRA VERSUS O VALOR DA LEI
Para mim, uma das lições mais significativas da Operação Salmo 96:12 foi mostrar que não é verdadeira a ideia, amplamente difundida no Brasil e no resto do mundo, de que a agricultura e a pecuária são as únicas grandes vilãs do desmatamento na Amazônia. Não é de estranhar que o senso comum seja esse, afinal, nenhum pesquisador ou jornalista disposto a investigar o que acontece na Amazônia será capaz de percorrer o território todo e analisar a realidade de cada fazenda. Por isso ele, naturalmente, buscará dados nos processos que autorizaram o desmatamento.

O problema é que esses processos oferecerão informações frequentemente falsas sobre o uso alternativo do solo — como atividades de "agricultura e soja" e de "pecuária e gado" — e serão essas as informações que constarão nos artigos científicos e nas reportagens sobre a destruição da floresta. Eu também cheguei a Roraima acreditando nisso, mas, um ano depois, tive certeza de que aquelas atividades constavam, na maior parte das vezes, apenas como fachada, como a impostura necessária para conseguir DOFs e abater madeira gratuitamente em terras públicas ou griladas. Porque o grande negócio agora, o grande investimento, é a madeira.

A madeira brasileira tem seu valor aumentado a cada dia, sobretudo em função do colapso da produção madeireira no Sudeste Asiático. Mas não apenas isso — a exploração não sustentável leva ao declínio da produção. Quer dizer, a valorização da madeira tende a acentuar-se quando há desmatamento sem controle. Trata-se de um círculo vicioso em que, quanto mais valorizada a madeira se torna, maior a atuação das organizações criminosas, mais intensificado é o desmatamento e mais valor é agregado à madeira, numa roda sem fim. A não ser que o Estado tome as medidas necessárias para deter esse processo.

Para uma organização criminosa do setor madeireiro, o que importa é o valor econômico da floresta. E seu cálculo é simplório: quanto se pode lucrar desmatando um hectare de floresta? Ou cem hectares? Ou talvez mil? O perito Herbert Dittmar chegou a uma estimativa aproximada desse lucro em Roraima. No Laudo nº 120/2012-SETEC/SR/DPF/RR, de agosto de 2011, é descrito que, a partir de imagens de satélite, são detectados sinais de corte raso em 489 hectares de uma área específica, legalmente limitada, no entanto, à exploração de cerca de 212 hectares. As imagens também demonstram que toda a exploração excedente — mais de 100% acima do permitido — havia sido posterior à emissão dos DOFs —, o que é fácil verificar, já que o Sisdof mantém o registro de cada emissão. Segundo o perito, só naquelas terras analisadas, houve extração de aproximadamente 29.638,29 m^3 de toras de madeira nativa, o que, num cálculo conservador, rendeu em torno de 9,5 milhões de reais para os criminosos.

Ou seja, levando-se em conta os cálculos do perito, 100 hectares de floresta desmatada podem render, no mínimo, 3,2 milhões de reais. Um lucro com potencial de crescimento com a venda da terra grilada e de créditos no Sisdof. Tudo isso acontece sem qualquer investimento por parte do criminoso. A mentalidade dominante é a de que a madeira está lá, "esperando para ser roubada", a custo zero. Sem investimento em tecnologia, o aproveitamento de uma tora é de apenas 25%. Os outros 75% são desperdiçados e geram resíduos que serão queimados, jogando carbono na atmosfera, ou irão parar nos rios. Então eu pergunto: como madeireiros que trabalham com a exploração legal da madeira, que pagam impostos e fazem os investimentos necessários em seu empreendimento, podem ser competitivos nesse mercado corroído pelo crime?

Quando a Operação Salmo 96:12 foi deflagrada, na madrugada de 23 de maio de 2012, eu estava havia 24 horas sem dormir. Tínhamos conseguido, por meio da Dicor de Oslain Santana, o apoio de uma centena de policiais federais saídos de diferentes partes do Brasil. Eles chegaram à base aérea de Boa Vista no fim da tarde e, por discrição, ficaram alojados ali mesmo — de outro modo, não seria possível manter sob sigilo a chegada de uma força policial numa capital pequena como Boa Vista. Só saíram em comboio após receberem o sinal para darem início à execução de 44 mandados de prisão envolvendo servidores públicos federais e estaduais, engenheiros florestais e madeireiros, onze mandados de condução coercitiva e seis mandados de busca e apreensão, que abrangiam quatro órgãos públicos — todos autorizados judicialmente. A Justiça também havia autorizado dezoito afastamentos de funções públicas, 28 sequestros de bens de pessoas físicas, vinte sequestros de bens de pessoas jurídicas e a suspensão de diversas autorizações de desmatamento. Na sequência, o Ministério Público Federal denunciaria 62 pessoas físicas e uma jurídica.

Estava claro que se tratava de uma organização criminosa, mas, como a legislação sobre esse tipo de organização exclui a maioria dos crimes ambientais, as prisões tiveram impactos apenas temporários. Segundo a Lei nº 12.850/2013, que define "organização criminosa", tal expressão se refere à associação de pelo menos quatro pessoas que atuem, de forma ordenada e com divisão de tarefas, com o propósito de obter, de modo direto ou indireto, "vantagem de qualquer natureza, mediante a prática de infrações penais cujas penas máximas sejam superiores a 4 (quatro) anos, ou que sejam de caráter transnacional".[10] Já a Lei dos Crimes Ambientais (Lei nº 9.605/1998) possui 39 artigos prevendo tipos penais, entre os quais somente cinco podem gerar pena superior a quatro anos. Ou seja, com essa redação, a lei que define organização criminosa infelizmente deixa de fora a grande maioria dos crimes ambientais, um equívoco com graves consequências para a repressão dos grupos que atuam contra o meio ambiente.

O fato de o governador viver em terras griladas da União e de toda a distribuição de terras no estado ter a assinatura dele não só não passou despercebido pela Superintendência da PF, como também gerou um inquérito à parte, que seria meu último ato no cargo em Roraima.[11] A operação que batizamos com o nome de Suserania correu em paralelo, como um desdobramento da Salmo 96:12. O delegado Fabrizio Garbi e eu encaminhamos uma representação de novecentas páginas ao Superior Tribunal de Justiça (STJ), que, no entanto, entendeu que havia indícios também de envolvimento de um deputado federal. Sendo assim, a competência para análise não seria do STJ e a representação teria de ir para o STF.

Acompanhados do procurador Paulo Taek, do MP de Roraima, Oslain Santana, Wellington Clay (o superintendente que iria me substituir) e eu seguimos, então, para uma reunião com o então procurador-geral da República, Rodrigo Janot, em Brasília. Segundo explicou Janot, a Procuradoria tinha prerrogativa sobre o STF e por isso ele ficaria com a representação até que esta fosse ajustada para o envio àquela instância. Os representantes da PF deixaram a reunião e Paulo Taek ficou. Ficamos sabendo depois que deveríamos ficar atentos, porque Janot e seu assessor, Marcelo Miller, falaram mal até do nome da operação assim que saímos.

Garbi ficou uma semana na Procuradoria-Geral da República fazendo, sozinho, todos os ajustes que lhe foram pedidos. Missão cumprida, voltou para Roraima. E nunca mais tivemos notícias sobre o destino da representação que consumiu alguns meses da vida profissional do delegado. O fato de a Operação Suserania não ter avançado deixou um gosto amargo em todos nós. Perdeu-se um trabalho imenso e a possibilidade de se interromper o fluxo de uma atividade criminosa dentro do poder público.

Os efeitos, em termos ambientais, da atuação da PF e da Operação Salmo 96:12 foram rápidos. Em 2010, 256 km² de floresta roraimense haviam sido desmatados. Esse número caiu para 141 km² (-45%), em 2011, e 124 km² (-52%), em 2012. Entretanto, a queda não foi permanente, como mostram os índices, que oscilaram nos anos seguintes até chegarem a 590 km² em 2019, número próximo do recorde histórico de 630 km², de 1989.[12]

A Operação Salmo mudou a forma de a PF investigar e de, consequentemente, combater o desmatamento ilegal. Antes do período 2011-2012, a operação-padrão de combate ao desmatamento consistia basicamente em espalhar mil policiais em plena selva em busca de caminhões de tora. Era o mesmo que enxugar gelo. Havia a necessidade de se pensar numa nova estratégia, e foi o que procurei fazer em Roraima. Assim conseguimos provar que o problema pode ser atacado na origem, com mais eficiência e menos gastos. A metodologia criada na Salmo, com ações de inteligência e laudos com uso de tecnologia, permitiu que entendêssemos como funciona a fraude para legalizar a madeira na Amazônia.

A existência de uma pequena equipe policial dentro dos estados dedicada à busca de fraudes, a partir da análise dos processos administrativos para autorização de desmatamento, era a chave mestra para o sucesso das operações em defesa do meio ambiente. Uma chave que podia tanto abrir caminho até os criminosos quanto impedir que eles tivessem meios de disfarçar suas atividades ilegais. E eu voltaria a usá-la no Maranhão.

4. Tem gente boa espalhada por esse Brasil[1]

O Maranhão e as operações Hymenaea e Ferro e Fogo

Longas décadas de coronelismo deixaram marcas profundas na sociedade maranhense. São incontáveis as ruas, escolas, pontes, praças com o nome "José Sarney". No interior do estado, não é incomum encontrar a foto do ex-presidente em casas paupérrimas, exposta em local destacado com uma vela acesa à frente, como se fosse a imagem de um santo. Na Superintendência da PF do Maranhão, ouvi relatos de situações tenebrosas envolvendo um superintendente que teria sido cooptado pela família Sarney e que mais tarde, no governo Temer, acabou virando diretor-geral da PF. Lembro-me também de que, em 2014, ao se aproximarem as eleições para o governo do estado, cometi a indiscrição de perguntar à moça que trabalhava na copa da Superintendência em quem ela votaria para governador. Ela respondeu:

— Minha vó disse que se Sarney mandar votar em um cachorro, vote no cachorro.

E assim o Maranhão, um estado que tem tudo para ser um dos mais prósperos do Brasil — terras férteis, um porto bem instalado, amplo litoral, alta capacidade para o turismo —, é um dos mais pobres do país. Naquelas eleições, porém, o candidato da família Sarney foi derrotado e, já no primeiro turno, venceu Flávio Dino, do PCdoB, com 63% dos votos, um sinal de que os ventos talvez estivessem mudando por ali.

Quando assumi a Superintendência da PF do Maranhão, em março daquele ano, cerca de 80% da floresta amazônica do estado já havia sido devastada. A maior parte do que restava se concentrava (e ainda se concentra) em territórios indígenas, como as reservas Alto Turiaçu, Awá-Guajá e Caru, e na Reserva Biológica do Gurupi, mais conhecida como Rebio do Gurupi, Unidade de Conservação criada em 1988 e hoje controlada pelo ICMBio, o Instituto Chico Mendes de Conservação da Biodiversidade. À frente da Rebio do Gurupi estava um dos personagens mais corajosos e determinados que eu encontraria nos meus anos no Norte do país: Evane Lisboa. Nascido na pequena cidade de Gararu, no interior de Sergipe, às margens do rio São Francisco, Evane não deve ter mais que 1,60 de altura e 60 quilos, mas seu trabalho incansável em defesa daqueles 2.711 km² de reserva, com poucos recursos e sob constante ameaça, era tarefa de gigante.

Em 25 de agosto de 2014, Evane recebeu uma denúncia sobre a movimentação suspeita de caminhões na porção sul da Unidade de Conservação de Gurupi, numa área ocupada pelo fazendeiro Raimundo Rodrigues de Sousa. Só no ano anterior, a megaoperação denominada Hileia Pátria, comandada pelo Ibama com apoio do Exército, envolvendo setecentos militares, mais de noventa viaturas, além de tanques e helicópteros, havia autuado aquele fazendeiro em 912 mil reais por exploração ilegal naquelas terras. Rodrigues de Sousa era um velho conhecido de Evane.

Denúncias do gênero chegavam a todo momento. Fazendeiros e madeireiros que reclamavam a propriedade de hectares no interior da reserva ou se aproximavam cada vez mais da chamada "zona de amortecimento" — extensão de terra com floresta densa ao redor da reserva biológica, protegida pela legislação ambiental por sua importância para o ecossistema local — exerciam o controle econômico e político da região. Mas a floresta ainda contava com alguns amigos fiéis.

Acompanhado de um grupo que incluía três servidores do ICMBio e uma pequena equipe de apoio da PM, Evane foi até o local apontado pelo informante e encontrou um caminhão com oito toras que só podiam ter sido retiradas de dentro da Rebio do Gurupi. Logo adiante, eles avistaram um segundo caminhão em movimento, ainda vazio, que se dirigia a outro ponto, reserva adentro, certamente para buscar sua própria carga. Nenhum dos veículos possuía placa ou documentação.

Questionado, o motorista do caminhão carregado, Nailton da Silva Galvão, declarou que a madeira vinha de terras de Rodrigues de Sousa no interior da reserva, embora ele não portasse qualquer documentação que comprovasse a origem da carga, nem tampouco autorização para o transporte. Já o caminhão vazio, Evane descobriu, seguiria em direção à chamada "região do aeroporto", local que não ficava nas terras ocupadas por Rodrigues de Sousa. Se Evane e sua equipe não tivessem atrapalhado o cronograma do tráfico naquele dia, em questão de horas a madeira supostamente extraída das terras do fazendeiro seria levada para processamento na serraria de um sujeito conhecido como "Bodão", na pequena Buriticupu, ao sul da Rebio do Gurupi. A cidade funcionava como uma espécie de sede administrativa do crime ambiental naquela porção do estado.

Aquela poderia ter sido apenas uma apreensão entre tantas outras que, infelizmente, fazem parte da rotina da Rebio do Gurupi. Os efeitos seriam paliativos: prejuízo pontual para um ou mais madeireiros — não porque as árvores abatidas de fato lhes pertencessem, mas porque, àquela altura, já devia haver compradores aguardando a chegada da madeira roubada; a abertura de uma ocorrência no sistema do ICMBio; e a aplicação de multas proporcionais ao dano ambiental, que seriam burladas pelos contraventores em apelações consecutivas na Justiça ao longo de anos. Esse panorama, por si só, era desanimador, mas a realidade do Maranhão sempre podia ser ainda pior. E foi o que aconteceu nesse caso, dando uma dimensão inesperada a essa ação de fiscalização.

Com a ajuda dos policiais militares, a equipe do ICMBio apreendeu os caminhões e a carga, como de rotina. O plano era seguir caminho até a base sul do instituto, onde os veículos ficariam retidos e a madeira seria destinada para doação. Àquela altura, porém, políticos da região já haviam sido avisados da apreensão. E, entre eles, figuravam nomes historicamente acusados de envolvimento na extração e no comércio ilegal de madeira: José Mansueto de Oliveira, ex--presidente da Câmara de Vereadores de Buriticupu, que também respondia a ações do Ministério Público por peculato e improbidade administrativa; e Antônio Marcos de Oliveira, o "Primo", ex-prefeito da cidade que já estivera preso por desacato ao confrontar uma operação do Ibama em 2009. Inquiridos por Evane, ambos alegaram que políticos aliados e com influência na capital, São Luís, haviam lhes assegurado que as operações de fiscalização na região estariam paralisadas até o término das eleições gerais, em outubro daquele ano.

Enquanto Oliveira e Primo tentavam dar suas carteiradas, cerca de vinte homens começaram a bloquear a estrada de terra batida a poucos metros, formando uma linha de frente que se seguia a outra, logo atrás, de onde se podia ver a fumaça negra saída de pneus e toras de madeira queimando. Para sair do local, a equipe do ICMBio teria de passar por ali, o que agora se tornara inviável. Foi quando surgiu um novo ator em cena: um homem que se apresentou como representante de "Bodão", o tal dono da madeireira de Buriticupu — a parte mais interessada na liberação imediata da carga. De acordo com ele, o motorista Nailton da Silva Galvão se enganara ao prestar informações aos três servidores do ICMBio que o haviam interpelado — as toras, na verdade, dizia o representante de "Bodão", vinham do plano de manejo de outros fazendeiros, os Galletti.

Os irmãos Galletti, proprietários da Gaisa — Galletti Agroindustrial S/A, acusados de integrarem um esquema longevo e próspero de grilagem de terras indígenas e da União em território maranhense, status que teria sido conquistado por meio de títulos emitidos por cartórios-fantasmas. Apesar de as terras que eles dizem ter comprado se situarem no interior da Rebio do Gurupi, inúmeros processos e recursos que se estendem por décadas em diversos tribunais permitem que eles continuem explorando madeira ali.

O representante de "Bodão" disse ao grupo de Evane ter em mãos o documento de origem florestal que provaria a origem lícita das toras e encerraria o assunto. Ao apresentá-lo, porém, verificou-se que o DOF lastreava o transporte de uma carga de cumaru, enquanto as espécies identificadas no caminhão eram maçaranduba e jatobá. A discrepância, por si só incontornável, estava longe de ser a única. Por uma questão geográfica de trajeto, não havia a possibilidade de árvores retiradas do plano da fazenda dos Galletti estarem sendo transportadas por aquele trecho da reserva. Além disso, o plano de manejo dos irmãos Galletti, alegado como origem da madeira, era fictício, baseado em documentos falsos e em um processo administrativo eivado de todo tipo de ilegalidade.

Segundo o relatório elaborado posteriormente pela equipe do ICMBio sobre os acontecimentos daquela tarde, ao perceber a derrota, o sujeito sacou seu aparelho celular e deu início a uma nova rodada de convocações. A estratégia agora era engrossar o bloqueio da estrada, a fim de forçar a liberação dos caminhões, e, com efeito, logo apareceram mais carros e mais manifestantes. Uma velha Toyota, parte dos reforços, exibia numa das laterais os adesivos de duas campanhas em curso naquele ano eleitoral: a de um movimento liderado por madeireiros e políticos maranhenses em prol do fim da Rebio do Gurupi e a da candidatura a deputado federal de Weverton Rocha, pelo PDT. Weverton era o autor do Projeto de Decreto Legislativo nº 914/2013, que propunha a desconstituição da reserva.

De repente, em meio à discussão, um caminhão de transporte de gado bloqueou totalmente a pista por trás da barricada em chamas. Considerando a rápida mobilização em apoio aos criminosos, ficou evidente para Evane e sua equipe que eles não conseguiriam sair dali com os objetos da apreensão sem um confronto armado. Então, só restou liberar o representante do madeireiro "Bodão", que fora detido pelos policiais militares, bem como os dois caminhões apreendidos. Mais uma vez de posse dos veículos, o motorista ainda sem carga seguiu caminho reserva adentro para completar a tarefa para a qual havia sido contratado — recolher as toras que tinham ficado para trás.

A maior parte dos moradores locais trabalha diretamente para fazendeiros e madeireiros ou nos pequenos comércios da região mantidos de pé por esses mesmos indivíduos. Trata-se, assim, de uma população que se sente impelida a atender aos chamados, mesmo que, muitas vezes, seja usada como massa de manobra e escudo. Esses fazendeiros e madeireiros orquestram ações armadas de resgate de cargas e maquinário apreendidos, promovem bloqueios de estradas, tocam fogo em prédios públicos, ameaçam de morte ambientalistas, servidores do estado, guardiães indígenas e moradores que ousam cruzar seus caminhos. A possibilidade concreta de se tornar alvo de um assassinato encomendado está permanentemente no horizonte de quem contribui para a defesa dos últimos vestígios da Amazônia no Maranhão.

Raimundo dos Santos Rodrigues, ambientalista assentado numa área na divisa com a Rebio do Gurupi, membro ativo do conselho da reserva, viria a ser uma dessas vítimas fatais exatamente um ano depois, em agosto de 2015, quando voltava para casa com a esposa, que, socorrida a tempo, sobreviveu ao ataque. Raimundo vivia com sua família, ao lado de outras, sob constante intimidação, em terras griladas pelo fazendeiro José Escórcio Cerqueira. O crime, brutal, foi executado à luz do dia pelo PM Francisco da Silva Sousa, conhecido pistoleiro da região, com o auxílio de Jessé Rodrigues Soares. A morte foi encomendada por José Escórcio por 10 mil reais. Dezenove horas após o homicídio, Francisco, o pistoleiro veterano — à época já indiciado na PF por participação em grupo de extermínio —, atraiu seu cúmplice, Jessé, para um ponto ermo nas terras de José Escórcio e o matou a tiros, como queima de arquivo. Havia tempos o Incra vinha prometendo aos moradores daquela comunidade a retomada da posse da União e a formalização do assentamento, mas não agiu a tempo.

Mortes como a do ambientalista Raimundo com frequência ficam impunes nos confins do Maranhão. Algumas nem sequer são investigadas, encobertas por famílias amedrontadas e um sistema penal (que inclui polícias, Ministério Público e Tribunais de Justiça) dominado por antigas oligarquias locais. De acordo com o Processo Penal Brasileiro, as investigações de homicídios decorrentes de conflitos agrários são atribuição da Polícia Civil estadual e o seu julgamento, de competência da Justiça estadual. No entanto, o descaso da Polícia Civil do Maranhão em relação ao episódio era tão grande que nem mesmo a necrópsia do corpo da vítima havia sido realizada.

Sem o laudo do IML, seria muito mais complicado comprovar que Raimundo fora vítima de homicídio — e por meio cruel. Até a recuperação do projétil para um eventual exame de balística ficaria prejudicada. Tínhamos de assumir aquele caso. Para determinar a instauração de um inquérito, argumentei em meu despacho que, a princípio, não se poderia excluir a possibilidade de o homicídio ter ocorrido em razão da atuação da vítima como conselheiro da Rebio do Gurupi, uma reserva federal. Assim que o pedido da PF foi atendido, consegui o número do telefone do filho de Raimundo e expliquei a situação: precisávamos retirar o corpo do velório e encaminhá-lo ao IML para a realização dos exames e dos laudos, além da extração dos projéteis. Por mais dolorosa que fosse aquela decisão, ele concordou.

Apesar de todos os obstáculos, foi possível iniciar a investigação na PF. O laudo cadavérico constatou que Raimundo fora atingido por sete disparos de arma de fogo. De seu corpo, foram retirados cinco projéteis — dois não foram localizados, provavelmente porque atravessaram o corpo e se perderam na cena do crime. Os demais projéteis e outras possíveis evidências não foram encontrados, pois, lamentavelmente, a Polícia Civil também não fizera perícia no local. O corpo fora removido e a cena do crime, desfeita. Entretanto, o laudo do IML confirmou que sete disparos de revólver, calibre 38, não foram suficientes para causar a morte e os assassinos completaram o "serviço" utilizando golpes de facão.

A esposa de Raimundo, que, ferida, assistira a tudo, milagrosamente conseguiu fugir e sobreviveu. Assim que assumimos o inquérito parti para a região onde os fatos ocorreram e tomei seu depoimento no hospital em que ela estava internada. As lembranças eram traumáticas e vívidas, e ela me relatou tudo em detalhes. Mais pessoas foram ouvidas, algumas por terem informações específicas sobre o homicídio, outras porque tinham informações sobre o contexto da região. Também me reuni com o presidente do ICMBio, Claudio Maretti, e conversamos sobre a importância de o Ministério do Meio Ambiente fazer gestões junto ao Ministério da Justiça para que aquela investigação permanecesse nas mãos da PF. Eu estava me precavendo, caso a alegação de que a vítima integrava o conselho da Rebio do Gurupi fosse questionada. Segundo a legislação brasileira, qualquer crime que tenha grande repercussão pode, a critério do ministro da Justiça, ser investigado pela PF. Para isso basta uma determinação ministerial.

O assassinato de Raimundo ganhou repercussão nacional e foi denunciado à Organização dos Estados Americanos (OEA). O presidente do ICMBio foi até a cidade prestar apoio a Evane Lisboa e reunir-se com os familiares da vítima, uma atitude que demonstrava que o Estado brasileiro estava ao lado dos servidores do ICMBio e das vítimas. Embora tais gestos pareçam óbvios — e eram, em 2015 —, a ascensão de Jair Bolsonaro ao poder tornou episódios como esse impensáveis. O homicídio de Raimundo é um exemplo, entre tantos outros, do que acontece no interior do Maranhão e em outros estados da Amazônia Legal, uma terra sem lei — ou onde vale a lei do mais forte. Infelizmente, muitos ali enterram seus mortos sem nenhum amparo da lei e sem qualquer esperança de uma ação do Estado.

ATENDENDO AO CHAMADO

O processo de desmatamento no Maranhão teve seu auge sobretudo nos anos 1960 e 1970, período em que o governo brasileiro lançou programas de incentivo fiscal para promover a colonização da Região Amazônica, privilegiando o desenvolvimento do agronegócio, a exploração madeireira e a mineração. Hoje, com a maior parte dos recursos esgotada, serrarias como aquela de Buriticupu buscam matéria-prima nos últimos reservatórios de madeira do estado, justamente as terras protegidas pela Rebio do Gurupi e os territórios indígenas.

De acordo com a equipe do ICMBio, cercada por manifestantes naquele dia de agosto de 2014, todas as serrarias em operação na região já haviam sido desmontadas durante operações anteriores do Ibama, como a Força e Soberania (2007), a Mauritia (2011) e a Hileia Pátria (2013). E, apesar das longas fichas corridas de exploração ilegal, a Secretaria de Estado do Meio Ambiente (Sema) do Maranhão seguia emitindo e renovando as licenças de operação desses empreendimentos. E o Ibama continuava mantendo regulares seus Cadastros Técnicos Federais (CTFs), o que permitia que madeireiros permanecessem obtendo DOFs e "esquentando" madeira roubada das áreas protegidas ou saídas de outros estados, como o Pará.

Ao final, o relatório impecável daquela equipe chegava à única conclusão possível: o avanço da quadrilha que dominava a região e avançava pela reserva só seria contido com uma articulação interinstitucional enérgica e imediata. O apelo chegou às minhas mãos na Superintendência da PF de São Luís. A ousadia dos criminosos, mais do que grave, era um escárnio. Se eles respondiam com brutalidade às ações da lei e às tentativas de frear a destruição do que ainda restava de floresta no Maranhão — e eles vinham provando ser capazes de se impor, apesar das sucessivas operações ostensivas —, precisávamos de novas estratégias. *O negócio também vai ter que ser na brutalidade*, pensei. Mas no bom sentido: tínhamos que atingir a infraestrutura deles, e a violência seria dirigida contra as máquinas que promoviam a destruição ambiental.

Naquele agosto de 2014, Evane Lisboa acendeu o estopim das operações Hymenaea e Ferro e Fogo (I e II). A Hymenaea, que recebeu o nome científico do jatobá (*Hymenaea courbaril*), uma das duas espécies levadas à força naquele caminhão sem placa para fora do Gurupi, logo teve início, conduzida pelo delegado da PF Julio Sombra, recém-empossado na época. Naquele momento, a Superintendência da PF no Maranhão trabalhava num ambiente de colaboração plena com o Ibama regional. E, apesar das mazelas, o Ibama do estado funcionava. Contávamos com dois servidores muito sérios dentro do instituto naquela operação: Pedro Leão da Cunha Soares Filho, superintendente regional desde 2011, e Ciclene Brito, chefe da Divisão Técnico-Ambiental do Ibama maranhense. Nosso objetivo era atingir os madeireiros ilegais eliminando sua capacidade operacional, destruindo suas máquinas, seus caminhões, suas serrarias, enfim, tudo o que pudesse ser utilizado na prática do desmatamento. Como numa guerra, a nossa ideia era atacar a logística do oponente.

Dentro do órgão central do Ibama, em Brasília, havia outros dois aliados valiosos: Luciano Evaristo, chefe da Diretoria de Proteção Ambiental (Dipro), e Roberto Cabral, um ícone dentro da instituição, onde coordenava o Grupo Especial de Fiscalização (GEF). Eles eram os responsáveis pelo planejamento das mais importantes operações de fiscalização do Ibama em todo o país. Cabral era conhecido por sua enorme disposição e estávamos mais dos que afinados. O Ibama tinha helicópteros que usamos para plotar e monitorar as madeireiras em atividade nas regiões da Rebio do Gurupi e em reservas indígenas e detectar movimentações atípicas em seus pátios. Sabíamos, porém, como demonstrava a experiência recente da Hileia Pátria, desencadeada no ano anterior, que multas eram contornadas, que locais flagrados em infrações e fechados pelo Ibama retomavam suas atividades em seguida e que equipamentos apreendidos acabavam sendo devolvidos, quando não à força, por meio de liminares judiciais.

Outra situação envolvendo a equipe da Rebio do Gurupi é bastante ilustrativa para se entender o funcionamento das operações ilegais de desmatamento e os seus desdobramentos institucionais. Em novembro de 2014, inúmeras denúncias apontavam para a exploração ilegal na Fazenda Acácia, que abrangeria não só o entorno, mas também o interior da reserva. Um grupo de fiscalização — composto por cinco funcionários do ICMBio e sete policiais militares — foi ao local e encontrou vastas clareiras, com cerca de 5 km² de floresta destruída, e pelo menos 25 quilômetros de estradas abertas, por onde se escoava a madeira pilhada. Trabalhadores acampados ali fugiram com a chegada dos fiscais, deixando para trás motosserras e tratores que estavam escondidos na mata. As investigações, naquele momento, apontaram para o fazendeiro Francisco Bosco do Nascimento e para a madeireira Catalina, que acumulava inúmeros autos de infração.

Ao saber que estava sendo procurado, o fazendeiro entrou em contato com a equipe do Ibama, apresentou um mapa com a área da sua fazenda e declarou que havia autorizado um tal João Carlos, de Paragominas, município do Pará, a fazer exploração de madeira em suas terras, mas que a exploração no interior da reserva flagrada pela fiscalização acontecia em terras de outros fazendeiros. Dois meses depois, em janeiro de 2015, a equipe do ICMBio recebeu novas denúncias e flagrou novos sinais de exploração na fazenda. Agora, a cerca de 900 metros da reserva, em área de preservação permanente. Foram identificadas ali clareiras abertas para aglomeração de toras (mais uma vez, maçarandubas e jatobás) e estradas abertas para o trânsito de tratores e caminhões usados no escoamento da madeira. Oculto na mata, havia também um pesado trator de esteira, do tipo usado justamente para a abertura de caminhos e clareiras na mata fechada.

A equipe estimou uma destruição de 75,65 hectares de mata nativa sem autorização e apreendeu o trator. Pela lei brasileira, a multa por hectare desmatado ilegalmente é de 5 mil reais, um valor que dobra no caso de derrubada em áreas da União. Francisco Bosco do Nascimento foi, portanto, autuado e recebeu uma multa no valor de 760 mil reais. Em alguns dias, Evane Lisboa receberia por escrito a defesa do fazendeiro: dezenove páginas de uma peça de ficção cheia de viradas e peripécias argumentativas. Mas o cerne da defesa era a alegação de que Nascimento havia vendido em 2014, para um sujeito chamado Messias da Costa, tanto a Fazenda Acácia quanto o trator apreendido. Logo, não era ele o responsável pelas ações ilegais realizadas ali em janeiro de 2015. O acusado apresentava, inclusive, dois contratos de compra e venda firmados em um cartório de Imperatriz, no Maranhão.

Como apenas uma pequena parte do valor negociado pelas terras havia sido paga até aquele momento e como nenhuma das parcelas do trator fora quitada, o fato de o veículo ter sido usado num suposto cometimento de crime feria o contrato de compra e venda, o que daria ao fazendeiro Nascimento o direito de recuperá-lo. O pedido de reintegração de posse, feito na Justiça Estadual, foi acatado com data de julho pela juíza regional Alessandra Lima Silva, da comarca de Itinga do Maranhão. Nesse crescendo, pouco depois, um oficial de justiça levou em mãos o documento ao chefe da Rebio do Gurupi, solicitando a entrega imediata do trator apreendido a Francisco Bosco do Nascimento.

A desfaçatez dessa jogada é tão grande que vale recapitular: Nascimento, o mesmo que apresentara um mapa de sua fazenda para a equipe de fiscalização do ICMBio em novembro de 2014, vendeu suas terras e seu trator a Messias entre março e dezembro daquele ano. Logo, Nascimento não podia ser o responsável pelo desmatamento ilegal feito na área. Messias, além de nunca ter pago pelo trator, usou-o para cometer crimes, portanto, o veículo apreendido deveria ser devolvido ao dono original.

Quando Evane me contou essa trama mirabolante e me encaminhou o processo, desde o auto de infração até a decisão da juíza, não tive dúvidas: abri um inquérito na PF e apreendi o veículo. Na sequência, fiz uma comunicação à juíza, sugerindo que, uma vez que os crimes investigados foram cometidos em área federal, ela devia ter sido "induzida a erro". Até um estudante de Direito do segundo período sabe que a competência para questionar atos de um servidor federal, decorrentes do exercício de sua função, é da Justiça Federal, jamais da Justiça Estadual. Tratava-se, portanto, de uma aberração jurídica. Nenhum oficial de justiça voltou com um novo mandado, dessa vez a artimanha não deu certo.

Eu gostaria de dizer que esse foi o final da história, mas a verdade é que o dono da Fazenda Acácia não desiste tão facilmente. Novos recursos têm atravessado os Tribunais de Justiça nos últimos sete anos e até hoje Francisco Bosco do Nascimento não foi condenado a pagar um centavo sequer pelo dano irreparável que cometeu contra a floresta. O trator, contudo, continua apreendido. Equipamentos apreendidos em zonas de exploração proibida só podem significar uma coisa: a existência de desmatamento ilegal na região. E enquanto esses equipamentos existirem, os criminosos lutarão por eles. O crime ambiental no Maranhão me deu esta lição: o desmantelamento tem de ser completo.

★★★

As ações de monitoramento e fiscalização no âmbito da Hymenaea prosseguiram e não foram tratores, nem serras, nem caminhões carregados com produtos clandestinos que abriram um novo e importante caminho na operação, e sim um simples celular encontrado numa serraria clandestina durante uma ação do Ibama. Deixado para trás por um madeireiro em fuga, o aparelho foi apreendido no inquérito, um juiz autorizou o acesso aos dados e a magia começou a acontecer. Uma vez periciado, o telefone revelou mensagens e ligações entre o madeireiro e um servidor do Ibama que lhe fornecia informações privilegiadas e negociava "serviços". Outros nomes e datas também eram mencionados e o quebra-cabeça ganhou corpo.

Evidentemente, o crime ambiental corre lado a lado com a corrupção institucional, e a chefia do Ibama no Maranhão estava mais do que interessada em tirar de seus quadros funcionais aqueles que manchavam o nome do instituto. A partir dos dados obtidos ali, fortalecidos pelos depoimentos do superintendente regional Pedro Leão e da analista ambiental Ciclene Brito, conseguimos autorização judicial para interceptações telefônicas. As escutas flagraram outros servidores de órgãos ambientais (federais e estaduais) e inúmeros madeireiros em condutas ilícitas. Madeireiros, papeleiros e servidores falavam muito — e abertamente — nas ligações, mostrando-nos de forma quase didática a rota que deveríamos trilhar. Nenhuma entrevista ou depoimento formal diria mais e melhor do que aquilo. Tudo o que tínhamos a fazer era buscar os processos administrativos e cruzá-los com as gravações. Para esse pessoal, não haveria saída.

Já para os empresários de outros ramos que estavam sendo extorquidos, a opção seria colaborar na condição de vítimas ou acabar implicados por conivência. Os proprietários de postos de gasolina, os empreiteiros da construção civil, enfim, todos precisam de autorização de um órgão ambiental federal ou estadual. Aqueles que cruzam com um servidor corrupto não conseguem ir adiante sem pagar. É assim que funciona o Brasil.

O volume de informações que conseguimos reforçava a certeza de que o trabalho ostensivo será sempre menos eficiente e mais perigoso, caso não seja coberto por um trabalho de inteligência. Primeiro, porque sem ações de inteligência perdem-se dados importantes; segundo, porque o pessoal em campo fica exposto. Através da inteligência, a polícia pode obter informações que antecipam situações potencialmente arriscadas. E foi na combinação de ações de campo com ações de inteligência que localizamos um grupo de servidores corruptos no Ibama e foi possível estabelecer conexões com servidores da Secretaria de Estado do Meio Ambiente, a Sema. O esquema de Roraima se repetia no Maranhão. Mudavam apenas as siglas dos órgãos estaduais.

Para cobrir a frente da investigação institucional, em setembro de 2014 demos início às operações Ferro e Fogo I e II — uma referência ao livro de Warren Dean (aquele mesmo, cujo nome fora vetado na operação de Roraima) que descortina com rigor histórico a destruição da Mata Atlântica. O delegado Felipe Soares Cardoso, então responsável pela Delemaph da Superintendência do Maranhão, assumiu o inquérito. Como o Maranhão é grande e a Justiça Federal de São Luís não abrange a área do Gurupi, a Ferro e Fogo I ficou atrelada às decisões judiciais da Justiça Federal de São Luís, enquanto a Ferro e Fogo II, às decisões judiciais da Justiça Federal de Imperatriz. Quer dizer, tivemos de trabalhar com dois juízes e dois procuradores e contar com o *timing* de cada um para unificar nossas ações. Todo o esforço valia a pena porque o plano era realmente bom: as operações Ferro e Fogo I e II cuidariam de limpar os órgãos públicos da corrupção e encontrar processos fraudulentos e correriam em paralelo com a Hymenaea, liderada pelo delegado Julio Sombra, que se encarregaria de fazer cessar o esquema em campo. Atacávamos, portanto, as duas pontas.

A fonte do problema, mais uma vez, residia na origem dos títulos de propriedade e do licenciamento ambiental, quer dizer, nos processos administrativos. Os sujeitos que abatiam árvores nobres e centenárias de áreas de preservação podiam dominar e aterrorizar as localidades onde atuavam com certa facilidade, mas ainda assim precisavam de licenciamento e, sobretudo, do santo graal do mercado da madeira: o DOF. Não é necessário ser nenhum gênio para entender que a madeira saída de locais proibidos era "esquentada" em processos fraudulentos, o que só pode ocorrer por meio de corrupção e uso de documentos falsos. E agora tínhamos inúmeras provas disso.

A única novidade, em termos de metodologia, havia sido desmantelada no fim de 2013 pela PF durante a Operação Nuvem Negra, coordenada pelo delegado Felipe Cardoso. O esquema envolvia hackers contratados por fazendeiros para invadir o Sisdof e plantar créditos DOF, usados para dar ares de legalidade à madeira ilegal. Na prática, era como se um hacker entrasse na sua conta-corrente e, em vez de tirar dinheiro dali, aumentasse artificialmente seu saldo bancário. A PF apurou que cerca de 500 mil m³ (volume capaz de encher 14 mil caminhões) de madeira extraída no Maranhão e no Pará tinham sido "legalizados" apenas naquele ano por esse método.

Madeireiros dos municípios maranhenses de Governador Nunes Freire, Centro do Guilherme e, claro, Buriticupu, que ficam nos entornos de áreas indígenas e da Rebio do Gurupi, foram presos e mais de duzentas empresas que haviam se beneficiado dos créditos artificiais foram temporariamente bloqueadas. Mas a dura realidade é que esses criminosos, além de numerosos, são resilientes. Sem hackers para invadir o sistema DOF, eles recorriam aos velhos esquemas.

As investigações das operações Ferro e Fogo I e II, conduzidas pelo experiente delegado Felipe Cardoso, da Delemaph, demonstraram que alguns servidores do Ibama compartilhavam informações sobre fiscalizações a serem realizadas pelo instituto, colocando colegas em risco. Esses servidores corruptos cobravam propinas para deixar de praticar autuações e aplicar multas, assim como, caso fossem contrariados pelos madeireiros, autuavam como forma de retaliação. Também ofereciam "ajuda" nos processos que tramitavam no órgão ambiental estadual. Os envolvidos eram organizados e dividiam entre si o valor conquistado em cada delito.

Depoimentos de servidores do Ibama em cargos de chefia revelavam que havia integrantes da organização criminosa em praticamente todos os setores do órgão ambiental federal. Cada servidor investigado cumpria uma função no esquema. Já na Sema, dois servidores estaduais fraudavam autorizações de desmatamento e desconsideravam autos de infração/notificações com a finalidade de gerar grande quantidade de créditos de madeira para serem usados no sistema Sisdof do Ibama pelos madeireiros. Um analista ambiental do Ibama envolvido na trama havia até mesmo sido cedido para a Sema para atuar no setor de licenças de autorização de exploração, depois que a gestão florestal passou para a competência estadual.

O derrame de créditos sem lastro possibilita a exploração ilegal da madeira e é fator crucial no incentivo ao desmatamento generalizado da Amazônia, uma vez que os altos recursos obtidos com sua venda, inclusive na exportação, financiam a usurpação de terras públicas, ou seja, a grilagem, uma das maiores chagas da região. Trata-se, portanto, de um sistema que se retroalimenta. Os grileiros se declaram proprietários de fazendas com grande potencial de madeira, sobretudo na região dos municípios de Grajaú e Balsas, e agentes públicos usam sua influência para deixar passar processos notoriamente fraudulentos.

Num desses processos, um servidor do Ibama inseriu 15.440 m^3 de créditos na pasta de uma pessoa dentro do sistema Sisdof. Depois, esses créditos DOFs foram vendidos a outros que atuavam na exploração ilegal de madeira na região de Balsas e Loreto, onde a organização criminosa conseguiu a maior parte das autorizações obtidas naqueles processos de licenciamento. O secretário municipal de Agricultura de Bom Jardim denunciou a prática de corrupção por parte de dois agentes de fiscalização que exigiam dinheiro para liberar madeira apreendida pelo órgão federal. A denúncia seria confirmada por uma conversa interceptada na qual um servidor do Ibama lhe dizia que a prefeitura de Bom Jardim não teria acesso à doação de madeira apreendida na operação Hymenaea porque ele se recusara a "contribuir" com 5 mil reais, valor já pago por outros prefeitos.

A Ferro e Fogo também revelou uma enorme lista de planos de manejo eivados de fraudes, e ainda assim aceitos pela Sema, por meio da atuação de servidores que aprovavam tais planos até no interior de territórios indígenas regularizados. Dois desses processos de licenciamento sancionados pela Secretaria se referiam a locais fictícios. O relatório de vistoria feito no âmbito das investigações atestou que as condições da vegetação em tais terras tornavam impossível a exploração da madeira descrita nos documentos. Tudo indicava que os técnicos da Sema deram o seu ok para a exploração florestal sem jamais terem vistoriado o local.

Tal qual a Salmo 96:12 havia feito em Roraima, a Ferro e Fogo apontou a existência de centenas de processos administrativos com fraudes de todo gênero, cujo objetivo era gerar e inserir créditos no sistema DOF. Através da corrupção de agentes públicos dos órgãos ambientais, a organização criminosa do ramo madeireiro controlava e direcionava o resultado dos processos. Altas multas e débitos de madeira também eram aplicados às pessoas que tomavam posse de áreas desmatadas ou que haviam desmatado diretamente. A finalidade dessas multas era "criar dificuldades para vender facilidades". Dessa forma, os infratores eram coagidos a adquirir "créditos de reposição de madeira" existentes no Sisdof em nome de "laranjas" dos membros da organização criminosa. Tais créditos, naturalmente, eram fruto de processos administrativos fraudados.

Contudo, um recurso criado pelo Código Florestal se mostrou precioso para as nossas investigações: o Cadastro Ambiental Rural (CAR). Trata-se de um registro público eletrônico obrigatório para todos os imóveis rurais que integra nacionalmente as informações dessas propriedades, formando bases de dados para o monitoramento e o controle ambiental do país. Além disso, o CAR coloca os proprietários rurais como responsáveis pela preservação da vegetação nativa das terras sob seus domínios. Mesmo que as bases de dados atualmente disponíveis para consulta pública sejam limitadas, são fortes aliadas na repressão aos crimes ambientais e na grilagem de terras na Região Amazônica.

A partir de uma análise dos dados do CAR no Maranhão foi possível, graças a uma ideia do perito federal Lucian Fidelis, cruzar as informações aí obtidas com imagens de satélites do Google Earth para detectar fraudes e desmatamentos ilegais. Fidelis criou uma metodologia genial, porque simples, que permitia a qualquer policial federal, lotado em qualquer unidade da PF, descobrir fraudes no sistema do DOF. Só precisava das mais básicas ferramentas de informática: internet, Google Earth e Excel. Também era preciso ter acesso ao Sisdof para baixar os dados, que, naquele momento, ainda eram públicos. Desde maio de 2021, porém, não é mais possível acessar esse sistema, colocado em sigilo até mesmo para a polícia, certamente para proteger os criminosos.

Por meio dessa metodologia verificou-se, por exemplo, que o município maranhense de Grajaú apresentava no Sisdof uma elevada produção de madeira: 2,5 mil m³, o equivalente a cerca de setenta caminhões carregados. No entanto, a quantidade de madeira extraída no local (as coordenadas geográficas do ponto de extração das árvores constavam do sistema) era incompatível com a área de cobertura florestal que ainda restava ali. Também se constatou que a área da extração declarada no DOF encontrava-se dentro da Terra Indígena Guajajara, uma evidente ilegalidade. Ainda assim, a Sema do Maranhão autorizou a extração de madeira na área.

Essa situação, a exemplo de tantas outras, demonstra o completo descontrole e a inexistência de critérios mínimos pela Sema do Maranhão na emissão de autorizações para extração de madeira. Em Grajaú, a Sema expediu, entre 2009 e 2019, 350 autorizações de exploração/desmatamento, o que correspondia a uma área de 62.273,35 hectares (o equivalente a 87 mil campos de futebol). Entretanto, o desmatamento total registrado em Grajaú no mesmo período foi de 33.193,07 hectares (46 mil campos de futebol). Os números indicam que muitas autorizações de desmatamento não foram utilizadas para documentar as madeiras extraídas das respectivas áreas.

Entretanto, outras áreas, sobre as quais não existia qualquer autorização, foram desmatadas. Quer dizer, quase metade das autorizações de desmatamento emitida pelo órgão estadual tinha como finalidade principal documentar as madeiras retiradas de locais proibidos. Resumindo: a Sema cria um processo de extração de madeira de local que não tem madeira, embora no processo administrativo e na respectiva Autex esteja registrado que há madeira. De posse dessa documentação, o madeireiro ilegal lança os DOFs no sistema e, depois disso, pode tirar a madeira até do Jardim do Éden.

DEFLAGRAÇÕES

Após algum tempo, as interceptações telefônicas, somadas ao depoimento de diversos servidores do Ibama e do ICMBio, já tinham produzido um robusto material probatório de atividades criminosas. Muitos desses corajosos servidores estavam em uma posição extremamente vulnerável, visto que sofriam ameaças, às vezes bastante agressivas, por parte de colegas ligados aos esquemas de corrupção. Esses servidores com frequência eram escalados para missões de fiscalização nas mesmas equipes dos investigados em locais isolados da Amazônia, o que mostra que coragem não é ausência de medo e sim superação de medo.

Eu tinha visto o mesmo acontecer na Operação Euterpe, que investigou denúncias de corrupção no Ibama do Rio de Janeiro em 2006. O clima era tão pesado no estado que servidores que haviam contribuído para as investigações da PF acabaram se afastando da instituição. Policiais são treinados, andam armados, pertencem a uma instituição que não vai deixar represálias acontecerem a eles sem a devida resposta. Já um servidor público de uma instituição que não tem como finalidade a atividade policial fica muito mais exposto nesse tipo de situação.

Em casos assim, quando o servidor honesto quer colaborar com a polícia mas se sente exposto, é preciso que o policial module cuidadosamente as perguntas, de modo que a fonte possa contar o essencial comprometendo-se o mínimo possível. O segredo é que o depoimento do servidor confirme e reforce fatos que já constem da investigação. Isso melhora muito a situação dessa testemunha, afinal, ela não comunicou fatos à polícia, somente os confirmou. Sempre poderá dizer que só falou o que a polícia já sabia e que, se assim não agisse, poderia responder por falso testemunho. Não é uma estratégia perfeita, mas é a melhor que encontrei até hoje.

No dia 2 de dezembro de 2014, foi deflagrada a Ferro e Fogo I e II. Vinte e dois suspeitos foram detidos em São Luís e em Imperatriz. Quatro deles eram empresários do ramo da madeira, quinze eram servidores do Ibama (entre eles, o analista ambiental do Ibama do Maranhão Antonio Lima Campos Júnior, que, em outubro daquele ano, havia sido candidato a deputado estadual pelo PEN, Partido Ecológico Nacional) e três eram funcionários da Sema. Antonio Carneiro, então superintendente do Incra no Maranhão, estava entre eles e foi exonerado no dia seguinte. Carneiro havia participado do esquema de corrupção quando ocupava o cargo de secretário adjunto da Sema e foi detido por policiais federais dentro de um avião, ainda em São Luís.

Todos os suspeitos responderiam a acusações graves, o que incluía participação em organização criminosa, corrupção passiva e ativa, prevaricação, advocacia administrativa e violação de sigilo funcional, cujas penas, somadas, podem chegar a 25 anos de reclusão. Foram cumpridos 28 mandados de busca e apreensão e seis conduções coercitivas de pessoas diretamente envolvidas com os fatos. Os servidores do Ibama acusados de fraudes também foram exonerados, após processo administrativo disciplinar que tramitou na Corregedoria da instituição, com demissão assinada pelo então ministro do Meio Ambiente.

Em julho de 2016, no meu último ano no Maranhão, deflagramos a Operação Hymenaea. Foram cumpridas 77 medidas judiciais: 21 mandados de prisão preventiva e temporária e 56 de busca e apreensão. Todos os cabeças das operações irregulares e clandestinas foram presos e 44 madeireiras de oito cidades, entre elas São Luís, Imperatriz e Buriticupu, tiveram suas certificações suspensas. Num feito inédito, 21 serrarias foram encontradas e inúmeros maquinários, destruídos. A maior parte dessas serrarias continuava em funcionamento depois de autuações, embargos e desmontes anteriores.

Eu havia pedido o apoio do Comando de Operações Táticas da PF (COT) para tornar aquela ação possível. Mas, como respostas concretas demoravam a chegar e todo tempo perdido dava vantagem ao crime organizado, Roberto Cabral, do Grupo Especial de Fiscalização, e eu investimos numa alternativa inédita, mas virtualmente viável: conseguir o apoio logístico do Batalhão de Operações Especiais (Bope). Eu me encarreguei de articular o pedido ao Bope do Rio de Janeiro e Cabral fez o mesmo em relação a Brasília. Conseguimos os dois.

Sempre defendi a destruição dos instrumentos do crime ambiental como necessária para dar efetividade às ações policiais e de fiscalização. Do meu ponto de vista, nem a polícia nem os órgãos ambientais precisam de autorização judicial para dar cabo de maquinário utilizado na prática de desmatamento, garimpo e outros delitos ambientais. Eu não entendo a resistência de alguns delegados, juízes e procuradores a essa ideia, já que nunca vi alguém ser contra a demolição de estruturas, maquinários ou construções do tráfico de drogas. Laboratórios destinados ao refino de cocaína são rotineiramente aniquilados sem questionamentos.

Para convencer os colegas recalcitrantes, pesquisei e encontrei o argumento de que precisava na "teoria dos poderes implícitos", com base em um precedente da Suprema Corte americana (McCulloch v. Maryland). A parte que me interessava dava conta de que, no momento em que a Constituição dá uma missão a determinada instituição — por exemplo, quando estabelece que a PF vai preservar os direitos da União —, implicitamente concede a essa instituição os poderes necessários para se alcançar tal objetivo. Da mesma forma, se a Constituição determina que o Estado brasileiro é responsável pela preservação das florestas (artigo 225, § 1, inciso VII), a PF deve ter o poder de fazer tal determinação ser cumprida. Os limites são os direitos humanos, cláusula pétrea da Constituição. Bastante razoável, certo?

Descobri que o STF já tinha usado essa jurisprudência e usei esses argumentos numa reunião com o juiz da Vara Ambiental Federal do Maranhão, Ricardo Macieira, um excelente e dedicado magistrado. Eu não faria um pedido nesse sentido, mas claro que, para mim, era muito importante saber o que ele pensava sobre o assunto. Ele não apenas me disse que achava a minha argumentação juridicamente viável, como também acrescentou que havia um decreto em vigor que já dava essa prerrogativa ao Ibama.

Não era a primeira vez que eu me encontrava com o doutor Macieira. Logo que cheguei ao Maranhão, havia feito a ele uma visita de cortesia para me apresentar e, também, sentir o ânimo do juiz que julgaria as questões relativas às operações ambientais que eu pretendia iniciar. Minha primeira impressão foi a melhor possível e não mudou. Naquele primeiro encontro, ele elogiou os meus propósitos e afirmou que havia tempos esperava ações mais efetivas contra o crime ambiental no estado. Disse ainda que estava cansado de julgar ações envolvendo a posse de passarinhos. Com todas aquelas operações em andamento, ele não tinha mais do que se queixar.

Apesar de ter em mente os argumentos jurídicos que eu usaria para justificar a destruição dos equipamentos, caso fosse necessário, eu sabia, naturalmente, que existiam limites. Eu não tinha a intenção de atuar de forma desarrazoada. Existem duas maneiras de se perder o poder: a primeira é não exercendo o poder que se tem; a segunda é abusando desse poder. Estipulamos critérios rígidos para destruir o maquinário. O principal deles é que o equipamento estivesse no interior de terras da União (nas Unidades de Conservação ou em Terras Indígenas) ou tivesse sido apreendido logo após a saída desses locais. Além disso, seria preciso confirmar a possibilidade de realizar a retirada do equipamento sem comprometer a segurança da equipe policial. Na entrevista coletiva que se seguiu à Hymenaea, eu declararia que "madeireiro ilegal só iria conseguir duas coisas no Maranhão: cadeia e prejuízo".

Na véspera da operação chegaram oito especialistas em explosivos dos Bopes do Rio de Janeiro e de Brasília. Habituados com ações em ambiente urbano, eles pareciam animados com a novidade. Madeireira por madeireira, serra por serra, trator por trator, retroescavadeira por retroescavadeira, caminhão por caminhão: os agentes explosivistas instalavam os explosivos e a coisa toda virava escombros em questão de segundos. Era um espetáculo bonito de se ver porque dava um recado importante aos criminosos e mostrava a quem vivia sob o seu domínio que aquele poder absoluto estava sendo posto em xeque. Além disso, a estratégia atingia a operacionalidade, como queríamos, e o bolso, a economia do negócio. E quando o dinheiro para de fluir, o poder e o alcance do crime são abalados.

Os nossos critérios foram seguidos à risca, a ponto de os criminosos não ousarem sequer promover ações judiciais questionando nossa atuação, mesmo após a explosão de mais de uma centena de caminhões, tratores e serrarias. Sua única reação foi transportar as carcaças de alguns caminhões que destruímos e fechar a rodovia federal, como forma de protesto contra a ação da polícia. Esperávamos repercussões em Buriticupu, conhecíamos os precedentes de incêndios criminosos e também de fechamento sistemático da BR 222, para refrear operações da PF na região. Porém, com os líderes presos, não houve nada próximo a um levante popular.

As duas operações — Hymenaea e Ferro e Fogo — tiveram impacto evidente nos índices de desmatamento no estado, conforme dados publicados pelo Inpe em 2020. De acordo com o instituto, entre 2012 e 2013 houve um aumento de 50% da área desmatada, representado pelo salto de 269 km² para 403 km². No entanto, de 2013 para 2014 (ano da deflagração da Ferro e Fogo), houve uma redução da ordem de 36%, quando se baixou de 403 km² de área desmatada para 257 km². Em 2015, houve nova redução, agora para 209 km², o que significou uma queda no desmatamento da ordem de 48% em relação a 2013.

Em junho de 2017, quando já estava acertada minha partida para a Superintendência do Amazonas, eu estava convencido de que boa parte da madeira que circulava clandestinamente ou envolvida em fraudes no Maranhão saía da Rebio do Gurupi e de Terras Indígenas, mas também de que ocorria ali muita lavagem de madeira explorada no Pará. Em outras palavras: os madeireiros do Pará usavam a divisa do Maranhão para escoar sua madeira ilegal. Bastava conseguir um DOF do Maranhão e a madeira estava "legalizada". A meu ver, funcionava assim: a polícia apertou no Maranhão? Vai pro Pará. Apertou no Pará? Vai pro Maranhão.

Tratava-se do mesmo grupo. Eu estava prestes, portanto, a confrontar a organização criminosa que atuava no Pará no período em que trabalhei no Maranhão. Seria inevitável. Mas a coisa só iria estourar mesmo no Amazonas.

5. Existem os tolos e existe o ladrão e há quem se alimente do que é roubo[1]

A chegada ao Amazonas e a Operação Arquimedes

O TELEFONE TOCOU NOVAMENTE
Em 14 de dezembro de 2017, o analista ambiental Hugo Ferreira Netto Loss, chefe de Operações de Fiscalização do Ibama no Amazonas, estava em sua sala na Superintendência do instituto quando recebeu um telefonema do Serviço de Vigilância e Repressão ao Contrabando e Descaminho (Serep), que funcionava na Alfândega do porto de Manaus. Queriam alertá-lo sobre a movimentação atípica de madeira que vinha sendo percebida havia algum tempo em dois portos vizinhos, Chibatão e Super Terminais, os maiores de Manaus. Servidor

sério, Loss rapidamente arregimentou uma equipe e partiu para averiguar a denúncia. No meio do caminho seu celular tocou. Era José Leland Barroso, superintendente do Ibama no estado, querendo saber para onde Loss estava indo e o que pretendia fazer. Ao ouvir a resposta, Barroso ordenou que Loss retornasse imediatamente à Superintendência, sob a alegação de que a ação seria uma atribuição do Instituto de Proteção Ambiental do Amazonas (Ipaam), um órgão estadual, e que o Ibama não tinha nada a ver com o assunto.

Loss não tinha dúvidas de que fiscalizar produtos florestais nos portos era uma de suas funções. Por mais que a Lei Complementar nº 140/2011 tivesse passado para os estados a responsabilidade de monitorar o licenciamento ambiental, a movimentação portuária envolvia comércio interestadual e exportações para o exterior. Quer dizer, um fluxo suspeito de madeira em zona portuária é, obviamente, assunto federal.[2] Ir em frente implicaria insubordinação, mas uma coisa o chefe da Fiscalização podia fazer e fez: reportou o que tinha acabado de acontecer a Roberto Cabral, coordenador do GEF, o Grupo Especial de Fiscalização. Foi assim que a história toda chegou a mim, na sala da Superintendência da PF do Amazonas, em Manaus, que eu ocupava havia pouco menos de três meses, após completar um ciclo de três anos no Maranhão.

— Tem como você ir lá ver isso? — Cabral me perguntou ao telefone, depois de sua conversa com Loss.

— Lógico, vou amanhã.

No dia seguinte, a Superintendência da PF estava mais vazia do que o normal. Tínhamos gente de outras cidades e de outros estados trabalhando na área administrativa e eu autorizara que parte desse pessoal fosse passar o Natal com suas famílias. Depois de semanas intensas de trabalho, eles tinham folgas merecidas a tirar. Eu havia chegado a uma Superintendência que, em termos administrativos e logísticos, nas palavras de uma especialista da PF que passara por ali em missão, estava "à beira da gestão temerária". Meu antecessor ocupava uma adidância na Espanha enquanto, ali no Amazonas, a logística de pagamentos, contratos e licitações estava caótica. Para se ter uma ideia, não havia sequer contrato firmado para fornecimento de combustível.

Impossível avançar na parte operacional sem uma logística eficiente. Para cada agente na linha de frente, era preciso ter outros tantos na retaguarda. São as linhas de suprimento que fazem o vencedor da guerra, e o mesmo princípio vale para a atividade policial. Precisávamos resolver logo esse cenário e a resolução passava, necessariamente, por uma ação intensa no nosso Setor de Administração e Logística Policial (Selog), o que, por sua vez, significava conseguir arrebanhar capital intelectual para a área administrativa, que contava com um quadro concursado historicamente insuficiente. Nove em cada dez policiais da PF fogem do trabalho administrativo como o diabo foge da cruz, mas fui capaz de convencer alguns e, juntos, começamos a colocar a casa em ordem. Mesmo com todos esses problemas, imaginei que no fim do ano, com o recesso das Justiças federal e estadual, teríamos uma carga de trabalho um pouco menor e, por isso, eu ficaria na sede e seguraria as pontas.

Naquela manhã do dia 15 de novembro de 2017, formei uma equipe de policiais e partimos logo cedo para o porto Chibatão, onde havia mais de duzentos contêineres carregados de madeira. Pedi ao administrador do porto que abrisse dez deles, aleatoriamente, para uma vistoria. Os DOFs do primeiro contêiner aberto lastreavam diferentes espécies, mas a carga real era de apenas uma — e qualquer leigo podia ver isso. Essa e outras irregularidades bastante evidentes foram detectadas nos nove contêineres seguintes. Era um indício forte demais que exigia medidas contundentes. Dei ordem para que o administrador do Chibatão não deixasse sair nenhum contêiner dali sem minha autorização e estendi a orientação ao porto Super Terminais.

Dirigindo de volta para a Superintendência da PF para que preparássemos, com a Delemaph, os pedidos formais de apreensão e decidíssemos como levar a vistoria adiante, recebo uma ligação de um agente chamado Vinícius:

— Chefe, o administrador do porto Chibatão está dizendo aqui que não vai ficar como fiel depositário da madeira.

Fiel depositário é alguém que guarda um bem em disputa judicial enquanto o processo está em andamento. Por se tratar de um encargo, a pessoa tem de aceitar fazer isso. Naquele caso, a guarda da madeira havia sido uma determinação da PF e não da Justiça, mas, por estar à frente de uma concessionária de serviço público, o administrador do porto teria a obrigação de cumpri-la. Ele sabia que eu não apenas contava com a autoridade necessária para determinar que nenhum contêiner deixasse o porto, como também poderia prendê-lo por desobediência. Instruí o agente para que lembrasse isso a ele e acrescentasse o seguinte: o certificado de segurança (ISPS) do porto Chibatão, como de praxe, seria submetido à avaliação anual das Cesportos, as comissões coordenadas pela PF que cuidam da atividade portuária no Brasil.[3] Sem o certificado, o valor de seguro do porto dispara. O recado foi dado e, segundo Vinícius, o sujeito não criou mais caso.

De volta à Superintendência da PF, eu me reuni com o perito Antônio Cleiton e o delegado que chefiava a Delemaph do Amazonas. Expliquei a situação que encontráramos e perguntei se ele formalizaria a apreensão. Ele não se mostrou animado com a ideia. Diferentemente do administrador do porto, ele podia dizer "não" para mim sem se justificar, pois, ainda que eu fosse chefe dele, tratava-se de uma questão de convencimento jurídico. No caso de discordâncias, eu poderia até tentar convencê-lo, mas jamais impor o meu ponto de vista, sobretudo porque sempre defendi que o delegado deve ter independência em suas investigações.

O delegado não queria fazer a apreensão por diversos motivos. Talvez um deles tivesse a ver com a estrutura precária da Delemaph do Amazonas, que contava apenas com ele mesmo e mais dois agentes — o que, posteriormente, eu trataria de melhorar o mais rápido possível. Mas eu também tinha os meus motivos para querer levar a coisa adiante. Havia visto grande probabilidade de fraude com meus próprios olhos e sabia que se não fizéssemos a apreensão imediata perderíamos a materialidade do crime assim que a madeira fosse retirada do porto. Também encontrava ali uma boa oportunidade de atacar o crime ambiental numa ponta crítica, onde havia muita coisa em jogo.

Entre 2008 e 2017, o crime ambiental na Amazônia fora combatido por meio da Operação Arco de Fogo. Ao longo desse período, as atuações da PF contra o desmatamento se fundavam, como já comentei, em ações de campo ostensivas, pontuais e isoladas na imensidão da Amazônia. A PF trabalhava em conjunto com o Ibama e a coisa era bem-feita, mas insustentável a longo prazo. Paralelamente à Arco de Fogo, operações de inteligência atacavam a corrupção nos órgãos ambientais, mas a inteligência da investigação não se comunicava com as equipes de campo. Outro problema era que grande parte dos policiais recrutados nos mais diversos recantos do Brasil pouco ou nada conhecia da realidade local.

Em 2017, ano da minha chegada ao Amazonas, a Arco de Fogo já estava completamente esvaziada, quase sem operação de campo. Apesar de alguns avanços no combate ao desmatamento, esse modelo operacional não era suficiente para quebrar o motor econômico dos criminosos. Como se vê nas operações de combate ao desmatamento promovidas pelo Conselho Nacional da Amazônia Legal, realizadas pelas Forças Armadas no âmbito das intervenções que visam garantir a lei e a ordem — as chamadas GLOs —, trata-se de uma lógica de combate que já se mostrou ineficaz: o madeireiro sabe que a presença das forças estatais no local é provisória; a grande movimentação de efetivo e viaturas alardeia a ação; quando os policiais, fiscais e militares pisam na região, os madeireiros já estão mais do que avisados.

Minha ideia era aplicar no Amazonas as experiências bem-sucedidas em Roraima e no Maranhão: análise da documentação para detecção de fraudes e corrupção por parte de agentes públicos e destruição dos maquinários dos criminosos, estratégia já amplamente utilizada pelo Ibama em suas ações de fiscalização. Claro que inviabilizar o sistema de "esquentamento" da madeira ilegal e promover a destruição de maquinário, veículos e instalações das madeireiras ilegais causava sérios prejuízos à organização criminosa, mas atacar nos portos inviabilizando o escoamento da madeira ilegal era algo novo, capaz talvez de realmente minar sua capacidade financeira.

Uma das razões para isso é o fato de as operações ostensivas apreenderem madeiras em tora, quer dizer, troncos de árvore que ainda não passaram pela serraria. Como é extremamente complicado retirar da região a madeira em tora apreendida — a PF teria de contar com frotas de balsas e caminhões —, esse tipo de apreensão, em sua grande maioria, fica só no papel. Tão logo os agentes da lei vão embora, os criminosos voltam para buscar a carga. Sem nenhum processamento primário, o valor de mercado da tora é bastante baixo em relação à madeira já processada, como pranchões, caibros etc. Por outro lado, o processamento da tora tem um alto custo operacional.

Na prática, isso quer dizer que o prejuízo do madeireiro que trabalha ilegalmente é muito maior se ele perder o produto do crime já processado do que se perder a tora no meio da selva. E a madeira só chega ao porto depois de investimentos também em logística e transporte e, claro, porque foi negociada, já tem um comprador. É aí que a perda pesa no bolso de verdade, e uma perda dessa dimensão talvez servisse para desencorajar as organizações criminosas que atuam no setor no Norte do país. Por isso abri eu mesmo o inquérito e formalizei as apreensões.[4] Os laudos da PF logo comprovariam que eu estava certo ao ir em frente e assumir aquela investida.

Nos dias seguintes, novas cargas de madeira seriam descarregadas no porto Chibatão e retidas para vistoria. O número de contêineres logo chegaria a quase quinhentos. Seu conteúdo pertencia a sessenta empresas, a maioria delas, por razões geográficas, estabelecidas em Roraima. A principal rota de saída de produtos de Roraima é a BR 174, que liga Boa Vista a Manaus. As demais cargas haviam saído de Rondônia, do Acre ou do próprio Amazonas. Cada contêiner estava carregado com, no mínimo, 20 m³ de madeira processada, ou seja, o equivalente a cerca de 80 m³ de madeira nativa em tora, considerando os 25% de aproveitamento médio de toras do volume total na Região Norte. Nunca é demais repetir que cerca de 75% de cada árvore abatida na floresta amazônica é desperdiçada.

Entre as empresas listadas de Roraima, reconheci inúmeros alvos da Operação Salmo 96:12, com suas extensas fichas corridas de multas ambientais. Cinco anos depois, aqueles empresários não apenas pareciam não ter mudado a forma de atuação, como nem sequer se preocupavam em mudar o CNPJ de suas firmas. Não precisavam fazer isso. Uma vez dentro dos portos, os DOFs que acompanhavam suas cargas não passavam por nenhum controle. A situação era tão grave que, contrariando a legislação brasileira, os portos Chibatão e Super Terminais estavam recebendo e despachando milhares de contêineres de madeira sem exigir a apresentação do documento de origem florestal. Bastavam as notas fiscais.[5] A maioria dos fiscais da Receita Federal tampouco exigia o DOF, restringindo sua fiscalização à mera análise das notas fiscais, pouco importando se a origem da madeira era lícita ou não. O caminho para o crime estava livre.

Estávamos diante de um desafio gigantesco e sem precedentes: comprovar a ilicitude em cada uma das cargas irregulares de forma rápida, sob pena de inviabilizar a atividade portuária. E não, as instituições não estavam funcionando normalmente. O Ibama do Amazonas, à exceção de Hugo Loss e do também analista ambiental Joel Bentes Araújo Filho, não dava mostras de que iria aderir ao trabalho da investigação em curso. Para ajudá-los, Roberto Cabral, do Ibama de Brasília, designou os analistas ambientais Geraldo Farias de França e Felipe Bernardino Guimarães, que, por serem de outro estado, não estavam subordinados a José Leland Barroso.

A primeira avaliação do perito Antônio Cleiton ao chegar ao porto foi preocupante.

— Precisamos ter o maior cuidado com a cadeia de custódia da prova — disse ele. — A coisa não vai funcionar do jeito que está sendo feita, precisamos refazer muita coisa.

Para ele, deveríamos começar pelas perícias mais simples, na seguinte ordem: documentação (verdadeira ou falsa);

volume; essência; origem da madeira. Eu ouvi seus argumentos, assenti e perguntei o que seria necessário para darmos conta da tarefa com mais eficiência e o mais rápido possível. Muito tempo depois ele me confessaria que, naquele momento, ficara desconcertado, pois não contava com uma adesão tão rápida da minha parte. O problema era que o perito ainda não tinha a resposta para a minha pergunta. Ele não conhecia a forma ideal para dar conta daquela árdua e inédita missão.

Adotamos então a estratégia que nos pareceu mais lógica: começar pela identificação dos DOFs materialmente falsos, pois, nesse caso, o crime de falsidade estaria provado e nenhuma outra perícia seria necessária. A falsificação era feita com uma jogada simples: a empresa imprimia o DOF e aproveitava a janela de duas horas que o sistema Sisdof dá para que a operação seja cancelada. Quer dizer, voltando à analogia bancária, era como se o madeireiro emitisse um cheque e logo depois o sustasse no banco. Materialmente falando, o documento ainda existia. A fraude permitia que um mesmo crédito para exploração de madeira fosse utilizado para o transporte de inúmeras cargas, pois a conta da madeireira (em m^3), em razão dos cancelamentos, nunca zerava. Outra forma de fraude consistia em adulterar informações sobre volumetria da carga, essência e origem da madeira.

De nosso lado, contávamos com a vantagem de eu conhecer de perto as empresas de Roraima e saber como elas operavam. Se encontrávamos uma única fraude em uma empresa, passávamos para a próxima — uma fraude bastava para a inclusão da firma no inquérito e a apreensão da carga.

Assim obtínhamos a chamada "fumaça do bom direito", *fumus boni iuris*, ou seja, demonstrávamos com dados concretos que existia alta probabilidade de cometimento de crimes. Se houvesse mais fraudes, as investigações posteriores se encarregariam delas.

O passo seguinte seria verificarmos o volume de madeira e a espécie, informações que também constavam nos DOFs. A checagem da volumetria, que se resumia a verificar se o volume descrito no DOF correspondia ao volume do contêiner, a princípio parecia ser a mais simples. Em cada contêiner são transportados cerca de 20 m^3 de madeira (às vezes havia 25 m^3, às vezes, 23 m^3 etc.), volume que preenche metade do espaço disponível. Então sabíamos que haveria 40 m^3 de madeira no contêiner, caso a carga atingisse o teto — o que não é viável, porque o contêiner ficaria pesado demais. Parece uma perícia fácil, certo? Posso garantir que não é.

Consegui arregimentar vinte homens no Exército que passaram a trabalhar sob a orientação dos peritos federais Antônio Cleiton e Marcelo Goetten. Os soldados ficaram encarregados de esvaziar os contêineres e fazer as medições. O processo envolvia retirar a madeira, separá-la por tipo (sarrafo, caibro, tábua etc.) e, então, tomar suas medidas com trena. Depois, era preciso reacomodar a carga dentro do contêiner. A empreitada, porém, se mostrou mais difícil do que prevíamos. O método tradicional de medição era lento e trabalhoso e, no fim do primeiro dia de trabalho, o grupo, esgotado, foi falar comigo: eles haviam trabalhado em um contêiner. Faltavam 437. Não ia dar pé.

A SOLUÇÃO DE ARQUIMEDES

No dia seguinte, no pátio do porto Chibatão, Antônio Cleiton pegou a nota de uma das cargas, emitida pelo próprio porto, e ali viu que todos os contêineres tinham de ser pesados antes de serem embarcados. Esse procedimento do porto visava fazer com que o peso das cargas fosse distribuído de forma homogênea na embarcação, a fim de não se afetar a sua estabilidade. Por ser uma medida de segurança, a pesagem era um parâmetro confiável. Com a nota em mãos, ele pensou: *Se eu tenho o peso e a massa, posso aplicar a fórmula de Arquimedes e chegar ao volume.* A relação entre a massa (m) e o volume (v) é uma característica comum de vários materiais, chamados de massa específica (y) ou densidade. Quer dizer, "se $y = m/v$", então "$v = m/y$". Foi uma sacada sensacional. Mas como chegar à densidade?

Para isso era possível utilizar a literatura científica, que nos daria a densidade de cada espécie de madeira. Concordamos que, naquele caso, não daria certo, visto que o argumento podia ser questionado juridicamente, abrindo-se caminho para que as empresas conseguissem derrubar a apreensão na Justiça. Antônio Cleiton decidiu então coletar uma pequena amostra de cada peça para depois pesá-las na balança hidrostática, medindo o deslocamento de água exatamente como o matemático grego Arquimedes havia feito mais de duzentos anos antes de Cristo. Assim, ao longo de semanas, praticamente toda a PF de Manaus, incluindo o perito Marcelo Goetten, ficou concentrada na tarefa de coletar as amostras no porto com as serras elétricas portáteis que conseguimos, debaixo de um sol inclemente, no clima úmido de Manaus.

Quando conferimos o resultado do método de Arquimedes e a realidade de campo no pátio do porto, a conta não bateu. O método de Arquimedes havia falhado. Fiquei desanimado, ninguém tinha ideia do que dera errado, mas Antônio Cleiton matou a charada. Depois de pensar por uns dois dias no problema, ele teve um *insight* no meio da noite: a diferença de umidade na extensão da madeira estava causando o problema. Eureca! No dia seguinte, ele me expôs sua hipótese, posteriormente confirmada: o local de onde as amostras eram tiradas estava levando a falsos resultados. A densidade tende a ser menor na ponta, onde a umidade é mais baixa do que no meio, e a umidade influencia o nível de densidade.

Antônio Cleiton pegou então amostras de diferentes pontos da madeira, foi medindo a densidade uma a uma e, assim, viu que o número estabilizava depois de 20 centímetros. A variação da densidade resultava numa diferença de 11,3%. Quando reduzimos 11,3% em todos os cálculos já feitos, os valores fecharam. Para se ter uma noção de quão preciso o método se mostrou, em dois contêineres (MRKU 374285-6 e MRKU 258257-9), na medição tradicional feita por fita métrica, foram encontrados, respectivamente, os seguintes valores: 19,94 m^3 e 21,59 m^3. Com a nossa nova metodologia de medição por meio da densidade foram encontrados, respectivamente, 19,97 m^3 e 21,88 m^3, uma diferença na casa decimal. A nova técnica de medição estava aprovada.

No mesmo dia em que Arquimedes salvou a minha vida, aquela operação passou a levar o nome dele. O uso daquele método manteve a operação de pé num momento crítico, quando já recebíamos os primeiros ataques judiciais, administrativos e políticos.

A Operação Arquimedes foi desencadeada em 15 de dezembro de 2017 e, poucas semanas depois, tiveram início as pressões políticas. A começar por uma ligação do então diretor-geral da PF, Fernando Segovia. Atendi e fui logo ouvindo do outro lado da linha:

— Me disseram que você é o novo governador do Amazonas. Está até fechando os portos.

Respondi à provocação com toda a calma possível, explicando que se tratava de uma ação que reunira vastas provas de ilegalidade. Mas Segovia estava longe de ser um aliado. Recém-empossado, ele havia sido por vários anos superintendente da PF no Maranhão, terra de José Sarney, e fora uma indicação do então presidente Michel Temer.* Minha posse na Superintendência do Amazonas, acertada por Leandro

* Fernando Segovia havia assumido a Direção-Geral da PF numa articulação feita pelo MDB, mas ficaria apenas três meses no cargo. Foi demitido em 27 de fevereiro de 2018 pelo ministro Raul Jungmann, escolhido pelo presidente Michel Temer para chefiar o recém-criado Ministério Extraordinário da Segurança Pública. Foi o primeiro ato do ministro Raul Jungmann, que havia assumido o posto naquele mesmo dia. Sucessivas declarações polêmicas dadas à imprensa por Segovia, a mais notória delas acerca da atuação da PF em inquérito que investigava irregularidades no porto de Santos (SP), teriam sido a gota d'água para a sua exoneração. Um dos investigados era o próprio presidente Temer. Numa de suas declarações, Segovia disse que "uma única mala talvez não desse toda a materialidade criminosa". Na referida mala havia, segundo consta em inquérito policial, R$ 500 mil. Segovia foi substituído na Direção-Geral da PF por Rogério Galloro, que ocupou o cargo até janeiro de 2019.

Daiello, havia ficado parada semanas a fio na mesa de Segovia — o que deixava o maior estado brasileiro sem um superintendente oficialmente empossado.

Eu não estava *fechando* porto nenhum, e ele sabia disso. Fazia apenas o trabalho da PF com a diligência que a situação exigia, enquanto o fluxo de outras cargas, ou mesmo de cargas de madeira sem indícios de fraudes, prosseguia normalmente. Na imensidão amazônica, os portos de Manaus são fundamentais para o trânsito de todo tipo de produto. A madeira que sai de Roraima, pela BR 174, e de Rondônia, pela BR 319, encontra ali um meio de escoamento para Belém e para o exterior, sobretudo Europa e Estados Unidos. Portos paralisados, claro, eram um problemão, por isso todos os nossos movimentos buscavam meios de levar adiante aquelas perícias com rapidez, sem comprometer o rigor da investigação — caso contrário, também corríamos o risco de perder todos os mandados de segurança que já circulavam na Justiça.

O fato de o responsável pela Delemaph se recusar a fazer a apreensão e, por consequência, eu ter precisado assumir o inquérito pessoalmente, deve ter chegado aos ouvidos de Segovia. Mas, ainda que isso fosse algo incomum, não teria sido suficiente para o que estava por vir naquele telefonema: o diretor-geral da PF solicitou que eu fizesse uma reunião com advogados e representantes do sindicato dos madeireiros de Roraima, Rondônia e Amazonas. Tal pedido era algo completamente inusitado, inédito — pelo menos nunca tinha acontecido comigo.

Segundo Segovia, os sindicalistas queriam apenas uma "orientação" da PF, além de levantar questões sobre a investigação. As notícias que chegavam a mim dos bastidores da Direção-Geral eram de que o senador Romero Jucá estava por trás daquilo. Outro senador também do MDB, Valdir Raupp, de Rondônia, havia me telefonado pessoalmente, mas Jucá teria mirado mais alto e se dirigido direto à chefia nacional. Naquele momento, ambos os políticos eram investigados pela PF e ambos teriam se mobilizado para "denunciar" o suposto abuso de autoridade da Superintendência da PF do Amazonas contra a indústria madeireira.

Eu protestei tanto quanto pude. A polícia tem de escutar o investigado ao longo do interrogatório — trata-se de um ato formal. Não só não faz reunião nem participa de "conversas" com alvos de inquéritos, como não é seu papel orientar investigados, dizer como devem cumprir as leis. Impassível aos meus argumentos, e frente à minha resistência à sua "orientação", Segovia adotou um tom impositivo:

— Saraiva, faça um favor para você e para mim e chame esse pessoal da madeira para uma reunião aí na Superintendência.

Não se tratava de um favor, Segovia estava me dando uma ordem, e tudo indicava que ela resultava da intensificação das pressões políticas sobre ele. Durante essa conversa por telefone, estava presente na minha sala Flávio Albergaria, delegado de Combate ao Crime Organizado no Amazonas. Quando o telefonema acabou, eu me voltei para ele, indignado:

— Ouviu isso? O cara quer que eu chame os madeireiros para uma reunião?!!

Não me lembro da resposta do colega, lembro-me apenas da sua expressão de incredulidade diante da bizarrice proposta pela Direção-Geral. Mas ambos tínhamos uma certeza: se eu não providenciasse a tal reunião, com uma única canetada eles me tirariam do Amazonas.

REUNINDO-SE COM O INIMIGO

Ao lado da minha sala na sede da Superintendência de Manaus havia um corredorzinho que dava acesso a uma sala de reunião. Ali, contrariadíssimo, recebi, no início de fevereiro de 2018, um grupo grande e indócil: cerca de quinze pessoas, entre madeireiros e advogados. Um desses advogados era Kairo Ícaro, antigo servidor da Femarh preso, em 2012, durante a Operação Salmo 96:12, acusado de envolvimento no esquema de corrupção dentro do órgão. Quer dizer, o sujeito fora preso no decorrer de um processo que demonstrou haver corrupção e, uma vez solto, tornara-se advogado das mesmas empresas que o esquema de corrupção teria beneficiado. José Leland Barroso também compareceu, representando o Ibama, apesar de ter deixado claro, logo em suas primeiras palavras, que a Arquimedes era uma ação exclusiva da PF. Essa postura de Leland evidenciou de que lado ele estava — seu tom parecia o de um empregado justificando-se com os patrões pelo transtorno causado.

O clima estava pesado. Madeireiros alegavam, revoltados, que íamos "quebrar todas as empresas" e que eles estavam agindo dentro da lei. Todos ali pareciam acreditar que eu já havia recebido uma ordem definitiva do meu superior e que o problema seria resolvido. Agiam com desembaraço, como se não fossem invasores de terras da União que haviam realizado desmatamento documentando madeira com base em fraude a partir de corrupção de agentes públicos. Simplesmente queriam que a operação cessasse, sem qualquer razão jurídica a seu favor. Ciente de que não havia um único inocente naquele grupo, eu respondia o mais serenamente possível:

— Meus amigos, se vocês não estão errados, é muito simples, me deem os seus casos que eu vou olhar. É uma questão técnica: volume, espécie, autenticidade documental. Não estou dizendo que a gente não possa errar. Eventualmente, num caso ou outro, eu posso estar errado e, se estiver, vamos reverter isso.

Nenhum dos presentes nos entregou processo algum. Eles também questionaram nosso método de medição, que não constava na Instrução Normativa do Ibama. O superintendente do instituto, para meu espanto, lhes deu razão. Respondi a Leland que ele ficasse à vontade para fazer uma nova medição usando a estrutura do instituto. O artigo 41, § 2, da Instrução Normativa nº 21/2014 do Ibama prevê uma margem de tolerância de 10% entre cargas de madeira vistoriadas e os valores inscritos nos DOFs. Nós dobramos a margem e só fazíamos apreensão quando havia 20% de erro em relação ao volume da carga. Mesmo assim, foi uma confusão danada. Os madeireiros queriam, a todo custo, que eu liberasse as cargas de imediato. Minha posição foi a mesma até o fim: nada seria liberado até a conclusão da perícia.

Parecia claro que a Direção-Geral da PF estava disposta a me entregar aos leões, mas a Arquimedes, do ponto de vista institucional, tinha um aliado forte. Logo no começo da operação, diante das evidências contundentes de que dois portos de Manaus vinham sendo utilizados para o transporte ilegal de cargas de madeira também ilegal, o procurador do Ministério Público Federal, Leonardo Galiano, expediu, em 25 de janeiro de 2018, um documento recomendando que a PF intensificasse sua atuação e sua presença nos portos e realizasse as perícias necessárias das cargas apreendidas (até aquele momento) num prazo de, no máximo, 180 dias. O documento do MPF se referia às apreensões realizadas até a data de sua expedição, assim como apontava para a necessidade de uma presença constante da PF nos portos de Manaus.

Se, de um lado, as instituições policiais precisam de hierarquia, de outro, a independência funcional do Ministério Público nos servia de escudo a eventuais contra-ataques. Contamos com o comprometimento do MPF até o fim da investigação. Esse suporte certamente contribuiu para que, apesar de todos os impasses, seguíssemos nos trilhos.

O CAMINHO ATÉ A FONTE
Novas cargas continuavam chegando aos portos de Chibatão e Super Terminais. Com fretes já contratados e alguma confiança em seu poder político, as empresas envolvidas bancavam o risco de ter mais madeira apreendida nos portos de Manaus. Talvez também acreditassem que nos venceriam pela impossibilidade de darmos conta da demanda crescente. Mas, a cada dia, aperfeiçoávamos o processo e fazíamos melhor. Eu, pessoalmente, havia aprendido muita coisa com a Salmo 96:12 e a Ferro e Fogo — essa experiência obtida após duras provações estava sendo fundamental.

A perícia nas informações contidas nos DOFs das cargas que eram alocadas nos terminais e a análise das imagens de satélite e dos processos administrativos passaram a ocorrer simultaneamente. Para isso precisei dividir equipes e sacrificar outras áreas da Superintendência — a vistoria das cargas (469 cargas nessa primeira leva) e a análise dos DOFs durariam cerca de quatro meses.

A última parte da investigação, a meu ver a mais decisiva, exigia um trabalho minucioso na sede da Superintendência da PF. Existia a possibilidade de as empresas criminosas contornarem a falsidade dos DOFs com a emissão de documentos novos, assim como um cheque sustado pode ser substituído por outro, ativo e com fundos. Problemas de volume podiam ser corrigidos, colocando-se o volume correto no documento. No caso de erro de espécie, idem. Agora, essas empresas jamais seriam capazes de justificar ou adaptar a origem da madeira se a origem fosse ilegal. E a maioria esmagadora era.

Para entender melhor, imagine uma empresa que vende carros roubados. No início, ante a completa ausência de fiscalização das autoridades, a empresa não se preocupa se a cor do carro corresponde à que consta no documento — transporta um carro vermelho mesmo que em sua papelada conste que ele é azul. O importante é conseguir tirar o carro do país. Se a fiscalização aumentar, os criminosos terão mais cuidado e se adaptarão às novas condições, o que significa que o carro azul certamente passará a ter um documento de carro azul. Isso é possível quando os envolvidos no esquema se organizam, mas, ao fim e ao cabo, o carro continuará a ser um carro roubado, porque reside aí a essência da atividade criminosa. É só substituir carro por madeira, e cor por espécie ou volume, que é possível compreender a situação.

Cada DOF oferecia informações sobre a origem da madeira por meio de coordenadas geográficas e datas (de onde aquela árvore havia sido extraída e quando), informações que eram lançadas pelo proprietário, como já disse, num sistema autodeclaratório. As imagens das áreas apontadas nos documentos de origem, provenientes dos satélites Sentinel, da Agência Espacial Europeia, Landsat, da Nasa, e dos satélites a serviço do Inpe, por sua vez, nos permitiam confirmar ou desmentir o que constava nos documentos. Contávamos com um mestre nesse tipo de análise, outro gênio da PF, o perito Herbert Dittmar, o mesmo que havia desenvolvido um método eficaz com uso de imagens de satélite na Operação Salmo 96:12 que viria a ter papel fundamental na Operação Handroanthus, em 2021.

Nossas perguntas eram simples: 1) Na data "X" havia floresta para ser extraída naquele local? 2) Se existia floresta naquela área, foi realizada exploração madeireira? Se o satélite mostra que, nas datas e nas áreas declaradas, a floresta está intacta, ou completamente desmatada em data anterior, como seria possível que a madeira tivesse sido extraída daquele local e naquela data? Ao analisarmos caso a caso, encontramos polígonos de exploração — extensões de terra dentro de fazendas com autorização de exploração de madeira — com várias sobreposições. Como se as mesmas árvores pudessem ter sido abatidas até catorze vezes.

A análise de imagens de satélite era combinada com uma auditoria dos processos de concessão de autorização de exploração florestal e/ou de supressão vegetal para uso alternativo do solo. O processo administrativo é, *a priori*, uma garantia de que o Estado vai cumprir as leis que criou. É ali que, em um Estado Democrático de Direito, o cidadão controla os atos do poder público. Quando não há transparência no acesso a processos administrativos, há margem para todo tipo de apadrinhamento, corrupção e fraude. Mas aqueles processos, que permitiam que indivíduos obtivessem o direito de explorar madeira em plena floresta amazônica, não estavam digitalizados nem acessíveis ao público, existindo só no papel, por isso tínhamos de contar com a boa vontade das instituições dos estados, que os mantêm a sete chaves.

Outra fraude de origem bastante comum dizia respeito ao transporte da madeira até o porto. Para mascarar a falsa origem, era praticamente inevitável ter de adulterar também a declaração do itinerário (um dos itens mais importantes do DOF), que indica o caminho que a madeira vai percorrer da floresta até o porto. Por exemplo, se é declarado que a origem da madeira é o ponto A, constará ali que o transporte saiu do ponto A em direção ao ponto C (o porto). Agora, se a madeira havia sido, na verdade, retirada do ponto B, distante, vamos supor, 400 quilômetros do ponto A, a análise de câmeras localizadas nas estradas demonstraria que aquele veículo não partira do trajeto apontado no DOF, e sim do ponto B. É justamente para que esse tipo de controle seja possível que a placa do veículo transportador (em geral, caminhões e balsas) deve ser informada no documento de origem. Não era incomum encontrarmos DOFs com placas de motocicletas que, supostamente, transportariam toneladas de madeira, uma fraude grosseira que, na ausência de fiscalização eficiente do Estado, acaba funcionando.

Desde as primeiras análises, efetuadas ainda no porto, encontramos incompatibilidades em 84% das cargas. Foram detectadas irregularidades em 369 dos 438 contêineres dos dois portos investigados. No final da Operação Arquimedes, o índice de incompatibilidades chegaria a 96%. Estávamos na vanguarda das técnicas de análise de contêiner para a investigação de fraudes na exploração de madeira, e a Arquimedes logo alcançou o status de operação-modelo dentro da PF. Não à toa passou a ser apresentada no exterior em eventos da Europol e da Interpol.*

Tudo isso contribuiu para que eu alimentasse a esperança de que nosso quadro funcional seria aumentado, por conta de um concurso recente aberto pela PF. Uma turma de novos policiais estava chegando em 2018. Meu otimismo, no entanto, não duraria muito, pois, mesmo com o concurso, não houve aumento no número de policiais no Amazonas.

---

* Entre maio de 2018 e setembro de 2019, representantes da PF apresentaram detalhes da Arquimedes em Portugal (na Guarda Nacional Republicana de Portugal, em Lisboa); na França (em evento na Agence Française de Développement), em Paris, e também na Global Forestry Crime Conference – Interpol, em Lyon); no Uruguai (24ª Conferência Regional das Américas da Interpol, em Punta del Este); na Argentina (Reunião Interpol e Cites sobre Técnicas de Identificação e Rastreamento de Madeira, em Buenos Aires); na Holanda (Reunião de Trabalho de El PacCto Europol, em Haia); e nos Estados Unidos (em reunião com autoridades promovida pelo Departamento de Justiça norte-americano, com o objetivo de cooperação internacional em razão do sucesso alcançado pela Arquimedes).

Como as unidades da PF no estado são consideradas de difícil provimento, devido às severíssimas condições de trabalho, a cada novo concurso ocorre uma grande renovação, já que aproximadamente 80% do efetivo que já estava lotado em Manaus ou Tabatinga, na fronteira da Colômbia com o Peru, pede remoção para outros estados da Federação. Eu imaginava que receberia policiais para recompor as saídas e ainda aumentar o nosso quadro. Não foi o que aconteceu. Depois do concurso, a Superintendência do Amazonas, contabilizando as entradas e saídas, ficou com menos policiais. Ainda assim, chegaram novos agentes, mas não em número suficiente para recompor o efetivo da unidade.

Fiz o possível para não me abater. Apesar de não recompor numericamente a minha unidade, eu tinha de recepcionar dezenas de novos policiais recém-saídos da Academia Nacional de Polícia. Normalmente, o superintendente recebe e dá posse aos novos agentes num evento coletivo. Eu preferi chamar um por um em minha sala. Queria olhar cada um nos olhos e conversar para tentar compreender quem estava chegando ali. Para minha alegria, aos poucos, conforme fui conhecendo aqueles policiais que estavam chegando, vi que ganhávamos em qualidade, embora tivéssemos perdido em quantidade. Os que demonstraram afinidades com a questão ambiental, encaminhei para a Delemaph. Podíamos tentar contornar os quadros reduzidos com entusiasmo. Uma das primeiras coisas que disse a todos foi:

— Eu não me relaciono com cargos, me relaciono com pessoas. Está comigo quem trabalha. Não quero saber se é delegado, agente, escrivão, perito ou administrativo.

Fora da PF, eu também seguia recebendo um apoio modesto. Na contramão de inúmeras outras operações que fizemos em parceria com o Ibama e outros órgãos federais ligados à defesa do meio ambiente, caso do ICMBio, o Ibama regional permaneceu quase inerte durante o percurso da Arquimedes — nesse órgão contávamos apenas com os analistas Hugo Loss e Joel Bentes. Já o Ibama de Brasília seguiu nos dando suporte logístico por algum tempo, porque lá tínhamos aliados como Roberto Cabral e Renê Luiz de Oliveira, coordenador-geral de fiscalização ambiental. Mesmo Brasília lentamente se retirou da operação, ante o desmonte promovido pelo Ministério do Meio Ambiente sob a gestão de Ricardo Salles. Hugo Loss e Renê Luiz de Oliveira acabariam sendo exonerados pelo ministro em abril de 2020, após uma operação coordenada por ambos que fechou garimpos ilegais no sul do Pará.

É possível que o Ibama regional não tenha embarcado numa operação que seria do seu interesse porque a maior parte de seus superintendentes não é originária do próprio Ibama, diferentemente da PF, na qual todo superintendente é delegado da própria PF. No governo Bolsonaro o aparelhamento da instituição ganhou nova dimensão: das 27 Superintendências Regionais do Ibama, 24 foram parar nas mãos de coronéis da PM egressos da Rota (de São Paulo), e uma foi para as mãos de um coronel do Exército do Pará. Com os PMs no controle da instituição, o Ibama praticamente deixou de existir no trabalho de campo.

A PF sentiu o impacto dessa mudança. Enquanto o crime ambiental é apenas um entre tantos outros que a corporação investiga e combate, os quadros concursados do Ibama têm uma expertise valiosa que imprime uma segurança muito maior ao trabalho das Delemaphs. Na minha experiência, durante a gestão Bolsonaro o Ibama não só se afastou da parceria com a PF, como também passou a agir contra o trabalho da polícia. E não contar com o apoio da direção da minha própria instituição numa operação do porte da Arquimedes foi uma experiência pessoalmente devastadora. Eu precisava me defender de ataques externos, que vinham na forma de mandados de segurança, e do "fogo amigo", que chegava na forma de processos administrativos. Mais adiante me deterei mais nessa parte do jogo.

ARQUIMEDES, SEGUNDA FASE
A ação da PF diretamente nos portos de Manaus, além de atingir outros estados que usavam o Amazonas como escoador da madeira ilegal, permitiu que trabalhássemos melhor com um efetivo menor. Bastava nos dirigirmos aos portos e verificar as informações constantes nos DOFs das cargas. Foram vistoriados e apreendidos mais de mil contêineres de madeira no decorrer da Operação Arquimedes. Das sessenta empresas investigadas, 38 atuavam exclusivamente no mercado interno, por meio de cabotagem, enquanto as demais transportavam cargas destinadas ao comércio internacional. As duas frentes foram analisadas dentro de suas particularidades, o que nos possibilitou adquirir um conhecimento amplo sobre o negócio da madeira ilegal. A madeira chega na Europa, na América do Norte ou na Ásia impecavelmente documentada. A forma como a documentação é feita é que é o X da questão.

Por conta das especificidades do negócio, as investigações criminais se desenvolveram também em duas frentes. A primeira, Arquimedes I, investigava práticas de crimes de extração, exploração e comércio ilegal de madeira, além de apropriação de bens da União. A segunda, Arquimedes II, apurava a ocorrência de corrupção entre servidores de órgãos ambientais estaduais e federais, engenheiros, detentores de planos de manejo e proprietários de madeireiras.

A fase ostensiva foi deflagrada em 25 de abril de 2019, uma quinta-feira. Nesse dia, foram cumpridas dezoito medidas cautelares e, ainda, 23 mandados judiciais que incluíam prisões preventivas, seis temporárias e 109 ordens de busca e apreensão em oito estados (Acre, Amazonas, Minas Gerais, Mato Grosso, Paraná, Rondônia, Roraima, São Paulo) e no Distrito Federal. José Leland Barroso, que naquele momento já não ocupava o cargo de superintendente do Ibama, foi preso, acusado de participação no esquema de exploração e tráfico internacional de madeira.[6] Prendemos quase a metade do quadro de servidores do órgão estadual do meio ambiente do Amazonas, o Ibama — além de analistas ambientais, foram presos cinco dos dez engenheiros florestais, responsáveis por assinar 80% dos inventários florestais no estado —, e 50 milhões de reais de empresas investigadas foram bloqueados. Em junho do mesmo ano, foram apresentadas à Justiça Federal as primeiras denúncias criminais.

A segunda fase da Arquimedes demonstraria que essas ações haviam sido determinantes para que mais madeira legal chegasse aos portos de Manaus e fosse comercializada dentro dos termos da legislação ambiental. Mas o grosso das empresas não alterou significativamente seu *modus operandi*. Uma nova ação de fiscalização realizada entre 15 e 22 de julho de 2019 no porto Chibatão e na sede da Transportadora Santana novamente identificou inúmeras práticas criminosas, a maioria envolvendo indivíduos e empresas que já tinham sido alvo da primeira fase da operação. As novas cargas apreendidas foram encaminhadas para o pátio da sede da Superintendência da PF, onde podíamos fazer a perícia com mais segurança e eficiência.

Dos 69 novos contêineres vistoriados no Chibatão, 28 (40,6%) apresentavam irregularidades. Entre os 73 contêineres apreendidos na sede da Transportadora Santana, 43 (58,9%) estavam irregulares. Toda a carga irregular foi doada com base no artigo 25, § 3, da Lei nº 9.605/1998, segundo o qual produtos apreendidos perecíveis ou madeiras poderiam ser doados para "instituições científicas, hospitalares, penais e outras com fins beneficentes". E assim foi feito. Em 27 de agosto, uma decisão judicial autorizou a alienação antecipada de todas as madeiras retidas em Manaus desde dezembro de 2017. Nesse cenário, os administradores dos portos da cidade foram instruídos a avisar a PF da chegada de novas cargas. E voltou a valer a determinação do inquérito aberto em dezembro de 2017, ainda em curso: nenhum contêiner contendo madeira poderia ser embarcado até que fosse vistoriado pelas equipes da PF e da Receita Federal.

A reação viria logo, e com força total, na forma de uma petição. Escrito em papel timbrado do escritório do advogado Kairo Ícaro, mas sem qualquer assinatura, o documento trazia uma lista com nomes de madeireiros atingidos pela

Arquimedes. Para sustentar a falácia da inocência, o autor da petição apresentava ali apenas os laudos emitidos pela PF com pareceres favoráveis ao grupo. Eventualmente os peritos federais emitiam pareceres que atestavam compatibilidade de essência ou de volume, mas existiam outros laudos que demonstravam incompatibilidade de origem e/ou outras, por exemplo, mas os laudos de incompatibilidade foram, claro, estrategicamente omitidos. Essa petição logo percorreria um caminho bastante curioso.

Primeiro, o documento foi enviado ao senador Telmário Mota, eleito por Roraima, que havia algum tempo vinha me difamando no plenário do Senado Federal, com acusações desconexas de que minhas ações durante a Arquimedes estariam relacionadas ao recebimento de propina. Para minha surpresa, a Direção-Geral da PF não emitiu uma nota sequer em minha defesa, calando-se diante desses ataques gravíssimos à honra e à conduta de um superintendente regional. O então diretor-geral da corporação, Maurício Valeixo, sabia que tais informações eram falsas, mas, caso desconfiasse que fossem verdadeiras, teria a obrigação de instaurar um inquérito policial para apurar as acusações formuladas por Telmário Mota — o que também não foi feito.

O senador, por sua vez, mandou um ofício para o diretor-geral com base na petição do advogado Kairo Ícaro. Num cenário normal, o diretor-geral talvez me telefonasse, pedindo esclarecimentos e, uma vez convencido, esqueceria o assunto. Como eu contava com a recomendação do MPF e todas as minhas ações haviam sido conformadas por decisões judiciais, não havia outra possibilidade. Maurício

Valeixo, no entanto, encaminhou o ofício do senador para a Corregedoria da PF, o que deu um fôlego enorme aos criminosos ambientais.

Da Corregedoria, o ofício de Telmário Mota foi parar nas mãos de Disney Rosseti, naquele momento chefe da Diretoria Executiva da PF, divisão que coordena a parte administrativa da instituição. Rosseti então elaborou um parecer detonando a Operação Arquimedes. Contrariando a Constituição brasileira, que diz explicitamente que a PF é a polícia aeroportuária, ele alegava que minha intervenção nos portos era irregular e que eu só poderia ali atuar através das Cesportos, as Comissões Estaduais de Segurança Pública nos Portos, Terminais e Vias Navegáveis, criada pelo recente Decreto nº 9.861/2019. As Cesportos são um colegiado que reúne representantes de várias instituições, como a Receita Federal, a Capitania dos Portos (Marinha) e a Agência Nacional de Transportes Aquaviários (Antaq).

Para começo de conversa, era inexplicável o entendimento de Rosseti do ponto de vista jurídico, uma vez que se trata de uma heresia jurídica defender que um decreto presidencial possa restringir norma prevista na Constituição brasileira. A atribuição da PF para atuação nos portos tem previsão no artigo 144 da Carta Magna. Infelizmente, os meus argumentos jurídicos não foram compreendidos por Rosseti. Então, resolvi de outra maneira: como é atribuição do superintendente da PF indicar seu representante nas Cesportos, indiquei a mim mesmo. Em seguida, convoquei uma reunião das Cesportos e perguntei se os demais concordavam com as ações da PF nos portos de Manaus.

Todos disseram que sim, uma ata da reunião foi redigida e encaminhada à Direx. Se aquele era o problema de Rosseti, estava tudo resolvido.

A coisa, porém, não parou ali. O parecer de Rosseti foi vazado para os madeireiros, que começaram a incluí-lo em novos mandados de segurança — seriam quase duzentos no total. Aquilo deu uma musculatura à argumentação dos investigados que não existia antes. Paralelamente, a denúncia do senador, junto com a avaliação de Rosseti, foi encaminhada ao setor da Corregedoria-Geral da Polícia Federal (Coger) responsável por analisar questões relativas à atuação da PF como Polícia Judiciária (atividade-fim da PF). Ou seja, a Coger foi incumbida de investigar se a minha conduta durante a Arquimedes estava dentro das normas da PF. O que a PF estava fazendo era investigar o investigador.

Em 11 de outubro de 2019, encaminhei minha defesa, com trinta páginas e 27 documentos anexos, respondendo a todas as acusações. Cerca de dois meses depois, fui chamado ao gabinete de Maurício Valeixo, em Brasília. Ele tinha recebido ali uma comitiva de Roraima, acompanhada do governador do estado, Antonio Denarium (PSL), e queria ouvir meu lado da história. Detalhei todos os movimentos da Arquimedes, mas isso não foi suficiente. Valeixo solicitou que eu fosse até Roraima para uma reunião com o tal grupo. Tentei convencê-lo de que havia motivos de sobra para que eu não fosse, e não apenas porque minha ida contrariava o rito normal — afinal, Roraima contava com seu próprio superintendente e não era o estado em que eu estava trabalhando. Mas também porque a reunião tinha tudo para ser mais um lamentável desfile de alegações falsas. Contudo, mais uma vez, a pressão estava forte demais e uma reunião foi marcada para alguns dias depois.

Como eu não conseguiria uma passagem aérea para a data aprazada, peguei uma caminhonete da PF não caracterizada e dirigi 800 quilômetros até Boa Vista. Chegando lá, encontrei o governador, o chefe do Ibama local, ligado ao agronegócio, a representante da Femarh, um grupo de madeireiros e, claro, Kairo Ícaro. Richard Murad Macedo, o superintendente da PF em Roraima, havia me acompanhado ao encontro a meu pedido. Não era adequado que eu fosse sozinho e, além disso, Richard tinha razões para estar na reunião: ele também estava trabalhando duro no combate aos crimes ambientais na região. Roraima tinha registrado um aumento de 202% de desmatamento em um ano.

Quase dois anos haviam se passado desde a reunião na sede da PF no Amazonas, exigida por Fernando Segovia, mas o discurso daquele grupo continuava o mesmo. Eles pediam orientações e me acusavam de radicalidade.

— Cobrar o cumprimento da lei é ser radical? — eu questionava.

Eles seguiam adiante, sustentando que estavam cumprindo a lei.

— Então entrem com mandado de segurança — eu devolvia. — Vocês têm feito isso e perdido quase todos. Fracassam na esfera do Judiciário e buscam a esfera política. Isso é absurdo!

Eles me olhavam com ódio. Richard, com mais diplomacia e moderação, mas sem abrir mão da firmeza, não me deixou sozinho no front:

— Estamos falando de um estado que foi campeão de desmatamento no ano passado. Roraima não tem motivo nenhum para se orgulhar. Eu acho que o estado tem que fazer uma autocrítica aqui porque foram 202% de aumento. Isso não é pouca coisa.

Ao governador falei dos planos de manejo irregulares, dos processos administrativos que o estado não fiscalizava e da oportunidade que Roraima tinha, com as novas tecnologias que estavam sendo desenvolvidas no Amazonas, de fazer a rastreabilidade científica da madeira que sai de Roraima. Com o apoio técnico da PF, Roraima poderia ser o primeiro ente federativo do mundo com rastreabilidade da madeira. O que não podia continuar acontecendo eram as autorizações para programas de manejo fantasmas.

— Mas você não deve estar entendendo — disse a representante da Femarh —, aqui em Roraima é diferente. Aqui não é plano de manejo, é uso alternativo do solo.

Com essa intervenção, ela me deu a oportunidade de ampliar meu argumento:

— Olha só, eu sei muito bem que vocês autorizaram o uso alternativo do solo, mas ninguém plantou nada lá. Eles cortam a madeira e vão embora. E, para piorar, muita coisa está em cima de terra da União. Mas não vou nem entrar nesse mérito de terra da União porque eu sei que vocês têm um entendimento completamente equivocado sobre isso, acham que cabe ao governo do estado gerir as terras da União, mas, minimamente, vocês têm que ter o empreendimento lá e eu sei que esse empreendimento não existe.

— Assim o senhor quer que a gente multe todo mundo... — ela respondeu.

— Assim você me deixa sem argumento. Você sabe que está acontecendo o crime, você sabe que está errado e está me cobrando aqui uma solução? A solução é simples: é vocês cumprirem a lei. Ou então mudem a lei. Criem uma lei nova para que possam desmatar tudo. Vocês não vão ter problema comigo. Eu vou ficar chateado como brasileiro, mas não vou poder fazer nada.

Finda a reunião, pouco depois houve convocação para uma próxima. Dessa vez eu não compareci, nem tampouco nas seguintes.

Em 2020, com a pressão exercida pela Arquimedes, os criminosos de Roraima já estavam buscando outras rotas, pelo rio Branco, a partir da cidade de Caracaraí, em Roraima, até chegar ao rio Negro, no Amazonas, e então seguir para Belém — porto onde a fiscalização até hoje praticamente não existe (um servidor do Ibama que tentava fiscalizar o terminal da melhor forma possível foi afastado pelo próprio órgão). Outra possibilidade passou a ser escoar a madeira ilegal de Roraima pela Venezuela, assim como embarcar o produto ilegal em portos menores, evitando-se os grandes portos. A indústria madeireira ilegal de Roraima tentava continuar, mas a verdade é que, por algum tempo, ela entrou em colapso. Perdiam eles, ganhava a floresta. Os números do Inpe dão conta disso: o desmatamento em Roraima despencou entre 2019 e 2020 de 590 km² para 297 km².

Também a partir de 2020 o trabalho policial de combate aos crimes ambientais na Amazônia passou a enfrentar mais um desafio e um risco a serem vencidos: a epidemia mundial de covid-19. Ser contaminado pelo novo coronavírus em uma localidade distante de hospitais envolvia risco de morte, mas, apesar disso, o trabalho precisava continuar. A pandemia que se anunciava não interromperia a prática criminosa na região. Por um lado, não cogitei a interrupção do trabalho da PF — a atividade policial é considerada essencial. Por outro, era preciso estar preparado para socorrer os que fossem contaminados e adoecessem.

Antevendo os problemas que estavam por vir, determinei ao chefe do Selog, o perito Antônio Cleiton (aquele mesmo da Operação Arquimedes), que providenciasse a contratação de uma UTI aérea móvel com recursos tirados de qualquer outra despesa da Superintendência. Era um serviço caro, cada remoção custaria em torno de 200 mil reais, o orçamento da Superintendência seria duramente afetado, mas não havia tempo a perder. Logo, vários policiais, alguns lotados em Tabatinga, na tríplice fronteira, a 1.100 quilômetros de Manaus, ficaram gravemente enfermos num momento em que não havia leitos disponíveis na capital e precisávamos transportá-los para outros estados. Lembro-me de que um foi para São Paulo, outro para Brasília e o terceiro para Teresina. Felizmente todos sobreviveram. Ninguém seria deixado para trás.

6. "Gente graúda morde do ouro retirado daqui"

O indigenista Bruno Pereira, o Vale do Javari e a Operação Korubo

A Terra Indígena Vale do Javari, situada no oeste do Amazonas, perto das fronteiras com o Peru e a Colômbia, virou manchete dentro e fora do Brasil no começo de junho de 2022, quando o indigenista pernambucano Bruno Pereira e o jornalista inglês Dom Phillips desapareceram em algum ponto do rio Itaquaí após passarem pela comunidade ribeirinha São Gabriel, nos limites da reserva. Bruno conhecia aquela área como poucos — seu trabalho pela proteção de indígenas isolados e de contato recente na região era incansável e vinha de longe. Minha primeira conversa com Bruno acontecera no primeiro semestre de 2019.* Três anos depois, ao ver as notícias sobre o desaparecimento pela imprensa, eu intuía que o pior havia acontecido. O assassinato brutal de Bruno e Dom, logo confirmado, revelou ao mundo uma realidade que conheci de perto como superintendente da PF do Amazonas e que Bruno enfrentou por muito tempo.

O inquérito que apura a morte de Bruno e de Dom ainda corre em sigilo, mas não resta dúvida de que os dois foram mortos de forma premeditada, por tocaia, e com arma de fogo. Bruno e Dom incomodavam todo o esquema da holding criminosa que se instalara havia algum tempo no Vale. O tráfico de drogas, o garimpo ilegal, a pesca ilegal, a madeira extraída ilicitamente... Quem atrapalha o andamento dessa engrenagem pode pagar com a vida. Podemos dizer, sem receio de errar, que mais do que vítimas da ausência do Estado na região, Bruno e Dom foram vítimas de ações concretas do Estado brasileiro que concorreram de modo decisivo para a morte de ambos. Lamentavelmente, essas mortes são apenas uma pequena parcela do total de mortos pelo crime no Amazonas — em 2022 o estado apresentou o maior índice de homicídios do país.[1]

Com uma área de 85,44 km², o Vale do Javari é um Jardim do Éden, com uma floresta densa e quase inteiramente intocada que concentra o maior número de indígenas isolados do

---

* Já com Dom Phillips, eu falaria algumas vezes por videoconferência e por mensagens de WhatsApp entre junho de 2021 e janeiro de 2022, a fim de dar depoimentos para o livro que ele escrevia sobre a Amazônia.

mundo. Vivem ali, pelo menos, dezenove grupos de isolados e outros sete de recente contato. A Funai mantém na região uma Coordenação Regional que precisa atender a cinco territórios indígenas, além da Frente de Proteção Etnoambiental (FPE) Vale do Javari, que possui cinco bases, todas localizadas em rios que rasgam aquele território. A base pioneira, e também a maior, é a Ituí-Itaquaí, construída nos anos 1990, uma década antes da demarcação das Terras Indígenas. A FPE Vale do Javari é subordinada à Coordenação-Geral de Índios Isolados e de Recente Contato (CGIIRC), considerada a unidade mais técnica da Funai, responsável por proteger 28 grupos isolados, investigar a existência de dezenas de outros e acompanhar os de recente contato. Embora a aparente vascularização institucional sugira uma forte estrutura de controle, a realidade é que a Funai mantém quadros funcionais e recursos mínimos na região. Não há sequer servidores concursados da Funai em todas as bases da FPE Vale do Javari.

 O território fronteiriço, irrigado por rios, favorece as atividades criminosas. Palco de disputas entre facções como a Família do Norte, o Comando Vermelho e o Primeiro Comando da Capital (PCC), por ali circulam narcotraficantes, garimpeiros, madeireiros, pescadores e caçadores ilegais, muitos deles ligados ao crime organizado. A disputa territorial é constante e violenta no local, e os esforços de Bruno para garantir o respeito aos limites e à integridade da reserva o transformaram em alvo. Território é a palavra-chave para a proteção do indígena, e sua importância estratégica ganha um sentido ainda maior quando se trata de povos isolados ou de recente contato. Do avanço das atividades criminosas não decorrem apenas os efeitos óbvios — transmissão de doenças, assassinatos, violência sexual, contaminação dos rios, desmatamento, desequilíbrio do ecossistema, conforme já detalhamos. Tal avanço também desorganiza a delicada harmonia territorial de todos os que habitam a floresta, algo que, com certa frequência, culmina em conflitos fatais.

Servidor de carreira da Funai desde 2010, Bruno Pereira havia assumido a CGIIRC em junho de 2018. Poucos meses depois ele me procurou, por sugestão do indigenista Carlos Travassos, seu amigo, que também atuava no órgão. Travassos e eu havíamos trabalhado juntos na Xawara, operação que, em 2012, reprimiu o garimpo ilegal no território dos Yanomami, em Roraima. Pelo telefone, Bruno me descreveu a gravidade da invasão da bacia hidrográfica do Jutaí por garimpeiros, caçadores e narcotraficantes, no entorno e no interior do Vale do Javari. Eram (e continuam sendo) constantes os apelos de lideranças indígenas da região, com relatos de ameaças e mortes perpetradas por esses grupos, em geral armados. Bruno já havia encaminhado uma série de denúncias sobre aquelas atividades ao MPF e a deflagração de uma operação interinstitucional de grande porte ali era urgente.

Entre março e abril de 2019, o indigenista passara 45 dias na Expedição para Proteção e Monitoramento da Situação de Indígenas Isolados Korubo, no interior do Vale do Javari, um dos grupos isolados sob ameaça que vivem na região. Colher informações em campo e reportar seus achados à coordenação do órgão era algo que Bruno fazia com regularidade em seus anos naquela Frente de Proteção Etnoambiental. Num desses relatórios, datado de 13 de setembro de 2017, Bruno fizera um relato detalhado da presença de garimpo ilegal no rio Jutaí.[2] Durante um mês, a bordo da chamativa embarcação azul-celeste *Kukahã*, da Funai, o indigenista conversou com ribeirinhos, indígenas e profissionais de saúde que convergiam para a mesma informação: o rio Jutaí estava "empestado" de garimpeiros. Denúncias apontavam para cerca de duzentas embarcações de garimpo operando pelas redondezas.

Em relatório posterior, de 29 de março de 2018, Bruno fez um apelo para que outros órgãos federais de fiscalização e combate ao crime ambiental fossem acionados. Dizia ele no ofício: "Diante desse cenário de descontrole do garimpo no rio Jutaí, que se arrasta há muitos anos, urge uma atuação emergencial no combate a esses garimpeiros no rio Jutaí. Não se deve deixar de priorizar, numa ação, o apoio aos comunitários da Reserva de Desenvolvimento Sustentável (RDS) do Cujubim, que lutam para que o garimpo não grasse em suas terras."[3]

A luta descrita pelo indigenista parecia perdida. Em abril de 2019, Adevane Araújo, gerente da RDS Cujubim, capitaneou outra expedição, esta para fiscalizar a captura ilegal de tartarugas dentro da Unidade de Conservação, mas o que mais encontrou ali também foram balsas de garimpo. Cabe lembrar que o argumento muitas vezes usado de que o garimpo gera riqueza para o país não tem consistência. Por exercer atividade ilegal, o garimpeiro não paga impostos. Ele é responsável pela contaminação de cursos de água e pela destruição de recursos naturais insubstituíveis, especialmente os ligados à pesca e ao turismo. Finalmente, sua atividade gera graves riscos para a saúde da população local. O mercúrio, por exemplo, metal pesado largamente utilizado no garimpo ilegal e lançado sem cerimônia na atmosfera e nos rios, como já mencionado, uma vez inserido na cadeia alimentar causa sérios danos neurológicos às pessoas e aos animais. Entre as doenças causadas pela exposição ao mercúrio, constam a acrodinia, a síndrome de Hunter Russell e a doença de Minamata.

Eu sabia, àquela altura, que existia uma ligação umbilical na região entre a pesca ilegal (responsável sobretudo por lavar dinheiro de organizações criminosas), o garimpo e o narcotráfico. O ouro que sai do Brasil clandestinamente financia a aquisição de cocaína, que entra no território brasileiro com destino às grandes cidades do país e, dali, para o mundo. Com o aumento desse fluxo, os chefes dos cartéis perceberam que podiam eliminar o intermediário, passando a investir no garimpo ilegal e a explorar o ouro diretamente. Assim, o Comando Vermelho tem forte atuação no garimpo na maior parte do Amazonas, enquanto a Família do Norte tem o domínio da área do Vale do Javari. Existem em atividade pequenas dragas de mineradores locais independentes, mas a maior parte do ouro da região vem sendo explorada por ou para grandes organizações criminosas. Em julho de 2022, a PF do Amazonas, ao deflagrar a Operação Uiara III, chegou a afastar o prefeito de Jutaí, Pedro Macario Barboza, que, segundo as investigações, cobrava propina de garimpeiros que agiam ilegalmente na região.

Por muito tempo garimpeiros e traficantes respondiam às ações policiais com as tradicionais tentativas de fuga ou rendição. Mas, em meados dos anos 2000, notícias de que havia um grupo de extermínio formado por policiais militares atuando no Amazonas mudariam esse cenário. Barcos carregados com drogas eram abordados e quem estivesse na embarcação era assassinado e a carga, surrupiada. O resultado foi uma corrida armamentista. Os traficantes não mais se rendiam aos policiais porque temiam ser executados, caso não se tratasse de uma abordagem oficial. Assim, as operações policiais nos rios passaram a ter altíssimo risco de confronto armado.

Em 2010, dois policiais federais, Mauro Lobo e Leonardo Matsunaga Yamaguti, morreram em uma troca de tiros com traficantes. Em outra ocasião, pouco antes da minha chegada ao Amazonas, um servidor da PF foi baleado na cabeça — sobreviveu por milagre, já que a bala entrou pela boca e saiu pelo outro lado. Mesmo assim, a Superintendência da PF no estado tinha acesso a apenas uma lancha semiblindada emprestada pelo Comando de Operações Táticas e, portanto, de uso restrito. Sempre considerei a segurança da equipe fundamental em qualquer operação. A meu ver, era uma temeridade continuar operando na região sem equipamento adequado. A aquisição de embarcações que pudessem garantir a segurança dos policiais nos rios devia ser prioridade. Briguei por isso desde a minha chegada a Manaus. Por fim, conseguimos adquirir duas lanchas de alta performance, batizadas com os nomes dos dois policiais mortos em 2010 em combate contra o narcotráfico.

A OPERAÇÃO KORUBO

Ouvi o que o indigenista Bruno Pereira tinha a dizer, ao telefone, e mencionei o sistema de monitoramento por satélite de alta precisão que tínhamos adquirido na Superintendência da PF do Amazonas e que poderia ajudar na localização de balsas e embarcações com combustível e estivas. Ele ficou entusiasmado. É comum que garimpeiros afundem as próprias balsas ou as desloquem e as escondam em igarapés quando percebem a presença de aeronaves e embarcações de fiscalização de órgãos federais ou quando são avisados com antecedência sobre operações em curso por algum informante. O uso do sistema Planet também seria estratégico e essencial naquele cenário de parcos recursos que todos enfrentávamos ali. E o delegado Leandro Almada da Costa, número dois na Superintendência, seria a pessoa certa para levar adiante os planos de ação que Bruno traçava havia meses.

Em julho de 2019, depois de um levantamento detalhado, Bruno já havia reunido, além de Almada, Renê Luiz de Oliveira e Roberto Cabral, ambos do Ibama federal, e buscado apoio no Exército e no Ministério Público Federal — o MPF vinha fazendo movimentações para que o Ibama de Brasília, em semiparalisia desde a chegada de Jair Bolsonaro ao poder, voltasse a assumir e executar suas funções como órgão fiscalizador. Já o Ibama do Amazonas ficou de fora daquele trabalho colegiado porque o grupo não confiava no empenho do superintendente interino à época, Leslie Nelson Jardim Tavares, posteriormente alçado ao cargo de coordenador nacional de Operações de Fiscalização, em Brasília, por indicação do ministro Ricardo Salles. Meu ceticismo quanto ao compromisso de Tavares com o combate ao crime ambiental não era novo, surgira durante uma visita dele à Superintendência no Amazonas. Sem rodeios, ele então questionara a necessidade e a legalidade da destruição das balsas do garimpo ilegal, postura que me pareceu inusual em um superintendente do Ibama. Mais tarde, em 2021, quando Leslie Tavares se tornou um dos alvos das investigações da Operação Akuanduba, ficaria claro que a nossa suspeita se justificava.

Todos os envolvidos nos preparativos da ação, que viria a se chamar Operação Korubo, tinham consciência de que, a exemplo do que acontece nas operações de desmatamento e processamento de madeira ilegal, não bastava multar os garimpeiros ilegais, afundar suas balsas (que seriam recuperadas depois) ou apreendê-las nos confins da floresta. Balsas que não fossem totalmente destruídas voltariam à ação em pouco tempo. O clima na Funai e no Ibama, no entanto, não era favorável a essa prática. O governo federal vinha determinando que não houvesse mais destruição de balsas e equipamentos nas ações de combate ao garimpo conduzidas por órgãos federais, ainda que o procedimento fosse assegurado por lei.

Em 24 de julho de 2019, o delegado da PF Marcelo Augusto Xavier da Silva, alinhado ao governo federal, assumiu a presidência da Funai. Portanto, dificilmente uma autorização de destruição de equipamentos de criminosos partiria dali. No Ibama, Renê e Cabral faziam o possível, mas logo ficaria evidente que, por questões políticas, a ordem também não viria do instituto. Uma decisão judicial seria o ideal, uma vez que nenhuma instituição federal poderia se opor abertamente à decisão de um juiz, mas a Superintendência da PF também tinha a prerrogativa de autorizar a destruição no âmbito de uma missão policial. No dia 7 de agosto, encerrei o impasse e autorizei que a destruição fosse executada, conforme determina a lei.

Quem acompanha o desenlace de uma operação como essa pela imprensa não faz ideia de quão complexo é o seu planejamento. Os locais dos crimes são de difícil acesso, a burocracia é pesada, os recursos são limitados e nem todos são movidos pela mesma determinação de Bruno Pereira. Entre o fim de julho e o início de setembro, foram inúmeras as movimentações de Bruno, de Cabral e do delegado Almada, que contava comigo para mediar os pedidos que precisavam passar por Brasília para conseguir viabilizar a Operação Korubo. Reuniões e ofícios circulavam entre departamentos federais para que fossem garantidos pessoal, aeronaves, embarcações, combustível, instalações e alimento para a equipe em missão, além de material explosivo.

Era um obstáculo atrás do outro. A poucos dias da data marcada para a deflagração, a Coordenação de Aviação Operacional da PF (Caop) avisou que um avião prometido para a missão estava avariado — conseguir outra aeronave na região poderia colocar o sigilo da operação em risco. Enquanto isso, o COT garantia dezoito homens, a depender da logística aérea, mas não os explosivos necessários para o desmantelamento das dragas de garimpo. Montanhas foram movidas, sobretudo por Bruno e o delegado Almada, para que todo tipo de contratempo fosse contornado. Por seu trabalho de campo, Bruno concentrava as informações fundamentais e era quem fazia a articulação com os informantes pelos arredores. Aquelas pessoas confiavam nele.

No dia 6 de setembro, a poucos dias do início da operação, Maxciel Pereira dos Santos, funcionário não concursado, mas bastante ativo na Funai, seria assassinado com dois tiros na cabeça, no município de Tabatinga. Maxciel chefiara por cinco anos o Serviço de Gestão Ambiental e Territorial (Segat) da Coordenação Regional do Vale do Javari e vinha trabalhando, precariamente, como horista. Circulavam na região boatos de que ele estava sendo ameaçado de morte e de que outras mortes aconteceriam. Entretanto, até a conclusão da escrita deste livro, em dezembro de 2022, a investigação do assassinato de Maxciel continuava aberta e ninguém fora preso pelo crime.

O delegado da PF à frente da delegacia de Tabatinga, Vinicius Ferreira da Cunha, ficou responsável pela Operação Korubo em campo. A ação contava com apenas dois helicópteros da PF para transportar uma equipe de cerca de sessenta pessoas, entre as quais 34 pertenciam aos quadros da própria PF. Um terceiro helicóptero, prometido pelo Ibama, misteriosamente saiu de cena na noite anterior ao início do transporte. Era mais ou menos uma hora de viagem de Tabatinga até a Vila Cujubim, que fica dentro da RDS do Cujubim, local escolhido por Bruno para servir de base à operação. A equipe do COT da PF foi a primeira a chegar na localidade, na manhã do dia 10 de setembro de 2019, uma terça-feira. Responsáveis pelas operações táticas, eles fizeram sobrevoos para confirmar a posição das dragas de garimpo e decidiram passar a noite numa balsa. Os demais policiais chegariam à tarde daquele mesmo dia.

O perito federal José Haroldo de Oliveira partiu de Tabatinga no mesmo traslado que Bruno. Ele faria as coletas de peixes e água nos locais de garimpo abrangidos pela operação, medida essencial para que os índices de contaminação de mercúrio pudessem ser apurados. Era seu primeiro trabalho numa região tão afastada dos grandes centros urbanos do estado, e Haroldo ficou impressionado com o nível de conhecimento que Bruno tinha da região. À medida que o helicóptero em que estavam avançava pela floresta, voando baixo, Bruno dizia o nome de cada rio por que passavam e dava detalhes dos grupos que viviam na área — quais eram as tribos, quais eram isoladas, quais já haviam sido contactadas pela Funai. Quando faltavam dez minutos para chegarem à base improvisada, subitamente o tempo fechou e eles tiveram de voltar para Tabatinga.

No dia seguinte, dia 11, bem cedo, Haroldo e Bruno partiram novamente de helicóptero e pousaram num campo de futebol da Vila Cujubim. Bruno desceu sozinho para combinar com a liderança da comunidade os termos da permanência do grupo no local. Foram cedidos um galpão de pesca e duas salas da escola para servir de dormitório para a equipe, mas com a condição de que todos estivessem de pé às sete da manhã, quando as crianças chegariam para as aulas. Todos vivem uma vida simples por ali. O gerador que atendia à Vila se quebrara e as casas estavam sem energia elétrica. Enquanto esteve na localidade, o perito observou como os moradores da comunidade ouviam respeitosamente o indigenista.

Ao longo dos dois dias posteriores, a equipe se deslocou por meio de helicópteros e de lanchas rápidas de alumínio pelas calhas dos rios Jutaí e Curuê, próximos de territórios de indígenas isolados do Vale do Javari, a fim de abordar as balsas de garimpo em atividade em seus cursos. Sessenta balsas foram localizadas e explodidas. A Operação Korubo — a maior operação de destruição de garimpo levada a cabo na região — foi um sucesso. Mas, segundo Bruno, garimpeiros estavam organizando manifestações contra a operação. Corriam boatos de que a casa de um dos informantes que colaborara com a Korubo seria incendiada, o que não chegou a acontecer. Reações eram de certa forma esperadas, já que aquelas balsas, alugadas em geral de traficantes ou de pessoas influentes na região, valem dinheiro.

Na madrugada de 21 de setembro, a grande base Ituí-Itaquaí, cuja tarefa principal é impedir a entrada de invasores em terra indígena, foi atacada a tiros. Era nessa base que Maxciel, assassinado quinze dias antes, trabalhava. Em 31 de outubro e 3 de novembro, houve novos ataques na Ituí-Itaquaí. Foram oito em um ano. Em operações de grande porte como a Korubo, é normal que as instituições envolvidas divulguem conjuntamente os resultados obtidos e que seus representantes façam declarações oficiais à imprensa. No caso da Korubo, o presidente da Funai, Marcelo Augusto Xavier da Silva, não autorizou ninguém dentro da instituição a dar entrevistas sobre a operação. A mensagem ficaria ainda mais clara três semanas depois: em 4 de outubro, a demissão de Bruno da Coordenação-Geral de Índios Isolados e de Recente Contato seria publicada no *Diário Oficial da União*. No dia do seu afastamento do cargo ele trabalhava no combate a mineradoras que tentavam invadir a Terra Indígena Yanomami, em Roraima.

Quatro meses depois, foi nomeado um novo chefe para a Coordenação-Geral de Índios Isolados e de Recente Contato, o antropólogo e missionário Ricardo Lopes Dias, que tinha um histórico de envolvimento com missões de evangelização indígena. Sob intensos protestos de servidores da Funai, o presidente do órgão havia burlado a regra que determinava que a CGIIRC fosse ocupada apenas por servidores de carreira. Três meses depois, o TRF-1 acatou o recurso impetrado pelo MPF que pedia a suspensão da nomeação do missionário. No mês seguinte, porém, a decisão do Tribunal Regional seria anulada pelo STJ, mas as pressões pela saída de Ricardo Lopes Dias do cargo levaram à sua exoneração em novembro.

Numa conversa por WhatsApp com o delegado Almada, ainda em janeiro de 2020, Bruno disse a ele que, mesmo afastado da Funai, voltaria a trabalhar naquele mês no Vale do Javari, após o nascimento de seu filho. Almada, por sua vez, planejava fazer uma nova operação na região. A resposta de Bruno pelo aplicativo de mensagens foi rápida: "Precisando, estamos à disposição, Almada!" Essa nova operação de fato aconteceria entre 17 e 20 de setembro de 2020, batizada de Minamata.

Repetindo a estratégia bem-sucedida já utilizada na Korubo, as investigações da Minamata foram norteadas pelo sistema de monitoramento remoto, que nos dava acesso a imagens de satélite da região-alvo e a imagens obtidas pelo sistema Planet, além de nos enviar alertas diários de detecção de mudanças ambientais. O alvo era o garimpo ilegal no rio

Boia e em seus afluentes, no município de Jutaí. Participaram da ação 32 policiais federais, mas sem o apoio do COT. Embora tenha sido menor, até por conta do estrago na logística do crime alcançado pela Operação Korubo, a Minamata também foi bem-sucedida. Dizimou instalações do garimpo ilegal e obteve amostras de água, de peixes e de material biológico humano (autorizado pelos doadores) que permitiram uma medição precisa do teor de contaminação de mercúrio no rio, na fauna ictiológica e na população humana.

Almada assumiu a Superintendência da PF do Amazonas depois da minha saída, em abril de 2021, e continuou contando com a colaboração de Bruno, ainda que afastado da Funai. Essa colaboração prosseguiu até a transferência de Almada para a Superintendência da PF da Bahia, o que ocorreria no fim de abril do ano seguinte — em junho Bruno seria assassinado. Naquele momento, havia uma nova grande operação em curso que contava com o suporte de Bruno, mas ele já não veria sua deflagração.

PARA ONDE VAI O OURO DO BRASIL?

O Brasil tem a sexta maior reserva de ouro do mundo, mas, oficialmente, é o décimo quarto produtor mundial. Tal discrepância não significa que o minério presente no solo brasileiro não esteja sendo explorado, e sim que grande parte de sua exploração é ilegal e vem sendo escoada para fora do país, deixando um rastro de destruição e morte. Mas para onde vai esse ouro e qual o motor econômico da atividade criminosa que contribuiu para as mortes de Bruno e Dom Phillips, além de outros tantos? Um episódio ocorrido no aeroporto de Manaus ajuda a responder a essa indagação. Num certo dia de janeiro de 2020, dois cidadãos americanos, Frank Giannuzzi e Steven Albert Bellino, e um brasileiro, Brubeyk Garcia Nascimento, apresentaram-se na Receita Federal do terminal aeroportuário para exibir a documentação referente a uma carga que seria embarcada por eles, dias depois, em bagagem de mão, num voo comercial com destino aos Estados Unidos. Na tal bagagem de mão eles transportariam nada menos do que 35 kg de ouro em barras avaliados em 10.601.924,00 reais (em valores de dezembro de 2022). A carga foi liberada. Dias depois, porém, quando retornaram ao aeroporto para o embarque, os três foram detidos e a carga, apreendida.

Bellino tinha 63 anos e trabalhava em Wall Street com compra e venda de ações desde 1985. Em seu depoimento, prestado na sede policial do aeroporto, ele não soube precisar o valor que pagou por aquelas barras. Argumentou que havia apresentado a documentação referente à carga de ouro com antecedência à Receita Federal e o órgão autorizara o embarque. Giannuzzi, de 40 anos, declarou que trabalhava com finanças e consultoria de negócios. Já o brasileiro Brubeyk do Nascimento tinha 33 anos e era natural de Anápolis, município de Goiás. Embora tivesse declarado endereço em Manaus, seu telefone tinha o DDD da cidade goiana. Em seu depoimento, afirmou que o ouro era oriundo de reciclagem de joias e fora comprado de um indivíduo chamado Werner, cuja atividade de reciclagem seria legal e devidamente declarada no Imposto de Renda.

Bellino estava falando a verdade quando disse que, dias antes, havia apresentado a documentação daquela carga à

Receita Federal. O que ele não sabia é que, embora a carga tivesse sido liberada, o responsável pela fiscalização no aeroporto de Manaus desconfiara do seu relato. Ainda que do ponto de vista formal tudo parecesse correto, a dúvida do funcionário era se a carga de fato tinha origem em joias recicladas, como informado, ou se se tratava de ouro recém-extraído de garimpos ilegais que estava saindo do país com documentação falsa. Ele não tinha os meios técnicos para esclarecer a dúvida, mas achou prudente comunicar o episódio a um perito criminal da PF que conhecia, Emerson Miranda. Como a documentação para o despacho do ouro fora encaminhada com antecedência, houve tempo hábil para que Miranda, o auditor da Receita, o perito criminal Ricardo Lívio e eu pudéssemos conversar, a fim de tentar encontrar uma forma de confirmar a origem do material apreendido.

Uma quantidade enorme de ouro sendo transportada como bagagem de mão em um voo comercial era pouco usual. Mais curioso ainda era o fato de o suposto vendedor do ouro supostamente reciclado morar em São Paulo, enquanto a carga partia de Manaus, coincidentemente a capital de um estado pródigo em garimpos ilegais de ouro. Por sorte, naquela semana chegara à Superintendência da PF um equipamento importado da Alemanha que parecia ter saído de filmes de ficção científica: a S4 T-Star. E o alerta do servidor da Receita Federal dava à PF do Amazonas a oportunidade perfeita para testar a S4 T-Star.

A máquina, cuja compra fora iniciativa de Ricardo Lívio, é composta de dois módulos: uma pistola portátil capaz de fazer a análise instantânea da composição química de qualquer material com precisão de uma parte por milhão (em um milhão de grãos de areia, a pistola seria capaz de identificar um grão, por exemplo, de ferro) e um equipamento maior, que ficava no laboratório do Setec da Superintendência, capaz de fazer uma análise de qualquer material com precisão de uma parte por bilhão (se apontado para uma aliança de casamento, o equipamento mostra imediatamente quanto de ouro, cobre, ferro, platina etc. há em sua composição).

A comprovação da eficácia dos aparelhos era importante pois só a parte móvel (a pistola) havia custado, aproximadamente, 200 mil reais e o equipamento completo, cerca de 2 milhões de reais. Dessa forma, uma primeira apreensão de uma carga ilegal no valor de 10 milhões de reais — como era o caso daqueles 35 kg de ouro em barras — devolveria aos cofres públicos, com folga, o valor investido pelo MPF, em virtude do trabalho do procurador da República Leonardo Galiano. Graças a essa profícua parceria com o MPF, aliás, a Superintendência do Amazonas tem um dos melhores laboratórios de análise química do país.

A abordagem seria realizada no aeroporto no dia do embarque, à noite, quando os três passageiros chegassem para fazer o check-in. A PF seria avisada, eles seriam detidos e a carga, apreendida. E assim foi feito. Por volta das nove da noite, o perito Ricardo Lívio se dirigiu ao aeroporto onde estavam os detidos e o material suspeito, enquanto eu e o delegado regional executivo Eduardo Max fomos direto para a sede da Superintendência.

Importante ressaltar que o percentual de ouro usado na confecção de joias raramente ultrapassa 75%. Acima desse índice, a peça se torna maleável demais, perdendo a forma com o uso. Logo, se o ouro em poder dos norte-americanos fosse produto de reciclagem, o teor de pureza não deveria ser superior a 75%. Por conservadorismo, aceitaríamos até 80%. Assim que Ricardo Lívio ligou o novo equipamento e apontou para as barras de metal... bingo! Mais de 98% de pureza. Era praticamente impossível que se tratasse de ouro de reciclagem de joias. A explicação mais plausível era a de que o ouro tivesse sua origem nos garimpos ilegais do Amazonas. A carga apreendida foi depositada na Caixa Econômica Federal. Dos três detidos, apenas o brasileiro ficou preso, mas, no dia seguinte, na audiência de custódia, ele pagou uma fiança de 100 mil reais e foi liberado. Esse valor de fiança foi pago como se fosse "troco de pinga".

Essa ação policial certamente demonstrou alguma sofisticação dos contrabandistas. Tal como no caso da madeira explorada ilegalmente, os criminosos, no lugar de exportar a carga de modo clandestino, processo complexo e custoso, optam por gerar documentos falsos, o que permite o envio por meios de transporte regulares, confiáveis e baratos. Existe um esquema bem azeitado para legalizar o ouro extraído na região com documentação falsa, aproveitando-se da falta de estrutura dos órgãos fiscalizadores e, às vezes, da cumplicidade de alguns de seus funcionários. O saldo para a região é a poluição dos rios com mercúrio, ameaçando a saúde dos habitantes mais vulneráveis, e o fortalecimento das organizações criminosas, que usam o ouro ilegal para financiar outras atividades também predatórias.

Naquele relatório de 2017, Bruno Pereira, agente em indigenismo da FPE Vale do Javari, dizia a seus superiores que suas conversas com indígenas, moradores de Jutaí e da RDS do Cujubim, mostravam o descrédito de todos ali por uma "solução governamental" para a questão do garimpo que "empestava" a região. "Gente graúda morde do ouro retirado daqui", diziam eles, e estavam certos. No momento em que escrevo estas linhas, em dezembro de 2022, a situação no Vale do Javari e em toda a Região Amazônica continua a mesma.

7. É A VERDADE O QUE ASSOMBRA, O DESCASO QUE CONDENA[1]

Lawfare, *desmonte institucional e a destruição da Amazônia nos anos Bolsonaro*

O esquema criminoso por trás da destruição da Amazônia dura décadas e atravessa governos, com maior ou menor êxito. Não começou com o mandato de Jair Bolsonaro, mas nele encontrou seu maior aliado. E a verdade inconveniente é que ninguém pode dizer que foi enganado: Bolsonaro nunca escondeu o desprezo pela questão ambiental nem sua visão negacionista diante da crise climática que assola o mundo.

A fusão do Ministério do Meio Ambiente com o Ministério da Agricultura, ideia que desagradava à opinião pública brasileira e à comunidade internacional, mas atendia às expectativas da chamada "bancada do boi" no Congresso Nacional e de uma extensa lista de financiadores de políticos como ele, fora promessa de sua campanha presidencial, em 2018. Depois de uma avalanche de críticas, a poucos dias da votação do segundo turno, Bolsonaro deu sinais de recuo e declarou que estaria aberto ao diálogo antes de bater o martelo. Era apenas uma cartada eleitoreira. Uma vez eleito, voltou atrás e a fusão chegou a ser anunciada pelo futuro ministro da Casa Civil, o então deputado Onyx Lorenzoni (PL). Novamente alvo de críticas e de fortes pressões, Bolsonaro recuou pela terceira vez e manteve a pasta. Suas intenções, no entanto, não mudaram. O recado estava dado e foi ouvido de norte a sul do país.

Na manhã de dezembro de 2018 em que fui sondado para assumir o Ministério do Meio Ambiente, quando Bolsonaro me perguntou se eu tinha "alguma coisa contra agricultor", o presidente eleito estabelecia o primeiro requisito para o cargo que ele precisava, a contragosto, preencher. O escolhido, como todos sabem, foi Ricardo Salles, secretário do Meio Ambiente do estado de São Paulo entre 2016 e 2017 e condenado no mesmo dezembro de 2018 por improbidade administrativa durante sua gestão no governo paulista (como já foi dito, ele acabou absolvido da acusação em decisão controversa de março de 2021). Salles havia coagido funcionários da Fundação Florestal para adulterar mapas ambientais, favorecendo, assim, empreendimentos de mineração em área protegida — uma cortesia que fazia à Federação das Indústrias do Estado de São Paulo (Fiesp). Enquanto eu provavelmente não teria durado mais do que uma semana no posto — há limites morais inegociáveis e intransponíveis —, Salles caiu ali como uma luva. O novo ministro era alguém que "gostava *da parte* do meio ambiente" tanto quanto fazendeiros, grileiros, madeireiros, servidores públicos e políticos envolvidos em atividades ilegais na Amazônia.

Se o fim do Ministério do Meio Ambiente seria um problemão para as relações internacionais do país e uma pedra no sapato na imagem interna do governo, a saída seria manter a fachada de pé, remover obstáculos e colocar em cargos-chave pessoas dispostas a demolir a estrutura por dentro. O ministério historicamente responsável pela preservação do meio ambiente seria, pela primeira vez, o principal encarregado de fazer a boiada passar.

Um dos primeiros acenos públicos do que viria pela frente foi dado pelo presidente recém-eleito no primeiro dia de dezembro de 2018. Durante a formatura de cadetes na Academia Militar das Agulhas Negras (Aman), no estado do Rio de Janeiro, Bolsonaro declarou a um grupo de jornalistas:

— Não vou mais admitir o Ibama sair multando a torto e a direito por aí, bem como o ICMBio. Essa festa vai acabar.[2]

Ao decretar o fim do que chamou de "festa das multas", ele implicitamente dava a largada para uma outra "festa" — a de uma devastação sem precedentes na história recente da floresta amazônica. Em março de 2019 a promessa de Bolsonaro começou a ser cumprida no melhor estilo "o exemplo começa em casa", com a exoneração de José

Olímpio Morelli, chefe do Centro de Operações Aéreas da Diretoria de Proteção Ambiental (Dipro), um braço do Ibama. Morelli fora o fiscal responsável por aplicar uma multa de 10 mil reais ao então deputado federal Jair Bolsonaro, no longínquo ano de 2012, durante flagrante de pesca ilegal na Estação Ecológica de Tamoios, próximo a Angra dos Reis, no estado fluminense.

Em 2013, ainda como deputado federal pelo Rio de Janeiro, Bolsonaro tentou fazer valer as primeiras revanches. Apresentou, sem sucesso, um projeto de lei que proibia fiscais do Ibama de portar armas nas missões de campo[*] — proposta paradoxal para um político que, entre 2019 e 2022, promoveria um aumento de 187% no número de armas autorizadas para caçadores, atiradores e colecionadores. Depois, Bolsonaro entrou com um mandado de segurança na Justiça Federal para obter autorização para a pesca amadora no mesmo local onde fora autuado. Como presidente da República, seu poder de fogo aumentava significativamente.

Durante minha entrevista em sua residência para, eventualmente, ocupar o cargo de ministro, Bolsonaro demonstrou que não havia superado o assunto.

---

[*] Em 2020, o senador Telmário Mota (PROS-RR) apresentou o Projeto de Lei nº 333/2020, que retomava essa proposta de 2013 de Jair Bolsonaro. O senador usou como pretexto a morte de Francisco Viana da Conceição, baleado durante uma operação de fiscalização de desmatamento ilegal em Rorainópolis, em Roraima, em fevereiro de 2020. O Ibama, na época, lamentou o ocorrido e declarou que seus servidores, desarmados, estavam acompanhados de membros da Polícia Militar de Roraima (Companhia Independente de Policiamento Ambiental – Cipa) e foram recebidos a tiros na localidade.

— Eu sou a favor de dar armas para todo mundo, menos para o Ibama — disse ele, cercado pela equipe de transição que festejava bravatas daquele tipo.

E Bolsonaro foi adiante: afirmou que não queria apenas desarmar os fiscais do Ibama que trabalham em campo, sua intenção era acabar com a instituição. Respondi, desconcertado, que "se o senhor acabar com o Ibama não vai sobrar quase nada no Ministério do Meio Ambiente", e o assunto encerrou-se ali. Ou melhor, o assunto logo sairia do ambiente das reuniões preparatórias para alcançar o de medidas concretas na política ambiental brasileira.

Em julho de 2019, ao anunciar um recorde histórico no desmatamento na Região Amazônica durante o mês anterior — uma perda de 932,1 km², contra 488,4 km² do mesmo período de 2018 —, o Instituto Nacional de Pesquisas Espaciais (Inpe), responsável por medir na região os índices de desmatamento (desde 1988) e de focos de queimadas e incêndios florestais (desde 1998), também entrou no radar presidencial. Questionado sobre os números alarmantes por um grupo de jornalistas estrangeiros na manhã do dia 19 de julho, Bolsonaro acusou o Inpe de divulgar "dados mentirosos", talvez "a serviço de alguma ONG", e garantiu que chamaria o chefe do instituto a Brasília para "se explicar".

No dia seguinte, Ricardo Galvão, então diretor do Inpe, defendeu o trabalho de sua equipe em uma entrevista publicada no jornal *Estadão*.[3] "Ele tomou uma atitude pusilânime, covarde, de fazer uma declaração em público, talvez esperando que [eu] peça demissão, mas eu não vou fazer isso. Eu espero que ele me chame a Brasília para eu explicar o dado e que ele tenha coragem de repetir, olhando frente a frente, nos meus olhos", declarou Galvão à jornalista Giovana Girardi. Galvão perderia o cargo menos de duas semanas depois.[4] Marcos Pontes, à frente do Ministério da Ciência, Tecnologia e Inovações, ao qual o Inpe é subordinado, garantiu a Galvão que a equipe e o trabalho do instituto seriam preservados após sua saída, mas a mensagem que o presidente transmitia ia na direção contrária.

Bolsonaro passou a declarar que os dados levantados pelo Inpe deveriam passar pelo seu crivo antes de serem publicizados. Ele não poderia ser pego "de calças curtas", disse a repórteres dois dias depois do anúncio do recorde histórico pelo instituto, insinuando também que aquele tipo de divulgação, sem "hierarquia e disciplina", era algo que poderia prejudicar o Brasil.[5] O problema, parecia sugerir o presidente, estava na divulgação dos números e não na destruição acelerada da maior floresta tropical do planeta.

Três anos depois, em outubro de 2022, já aposentado e sem conseguir se eleger deputado federal por São Paulo, Ricardo Galvão decidiu tornar pública uma informação grave: logo após o embate de 2019 com Bolsonaro, ele havia sido alertado por uma funcionária do Ministério da Ciência, Tecnologia e Inovações de que vinha sendo investigado sigilosamente pelo governo federal desde a colisão com o presidente. Seu telefone fora grampeado e a sua vida revirada, em busca de informações que levassem a uma demissão justificada. "Não encontraram nada e foram obrigados a me demitir passando pela vergonha de ser um governo que agride a ciência", escreveu Galvão em sua conta no Twitter.[6]

A transparência dos dados de interesse público, inclusive os relacionados ao meio ambiente, é uma obrigação do Estado prevista na Constituição. O acesso a essas informações também é garantido por diversas leis, como, por exemplo, a Lei de Acesso à Informação Ambiental (Lei nº 10.650/2003). Quando as instituições ambientais funcionavam normalmente, os relatórios elaborados pelo Inpe eram repassados todo mês ao Ibama, e os números divulgados simultaneamente no site do instituto, através do Projeto de Monitoramento do Desmatamento na Amazônia Legal por Satélite (Prodes).[7] Isso mudaria em julho de 2021. Depois de uma sucessão de recordes históricos de queimadas e incêndios florestais no país — que incluíram biomas como o Pantanal — estamparem manchetes no mundo inteiro, o monitoramento e a divulgação desses dados passaram às mãos do Instituto Nacional de Meteorologia (Inmet), subordinado ao Ministério da Agricultura.

O DIA DO FOGO

Sempre que o Poder Executivo federal ataca publicamente as próprias instituições, manda também um recado à sociedade. Poucos dias depois do embate com o Inpe, ocorreria, entre 10 e 11 de agosto de 2019, uma ação criminosa orquestrada por grileiros no Norte, sobretudo no sudoeste do Pará, em áreas florestais cruzadas pela BR 163, especialmente nos municípios de Novo Progresso, Altamira e São Félix do Xingu. Amplamente coberta pela imprensa, a ação ficou conhecida como Dia do Fogo. Os 101 focos de incêndio localizados na região no dia 9 de agosto, véspera da ação, subiram para 715 no dia seguinte — um aumento de 607%.

As centenas de queimadas poderiam ter sido evitadas. O plano fora noticiado em 5 de agosto num pequeno jornal da região, a *Folha do Progresso*. Um dos envolvidos na ação, que vinha sendo organizada em grupos de WhatsApp por cerca de setenta indivíduos, entre fazendeiros, grileiros e comerciantes, declarara ao jornal que o dia 10 de agosto serviria "para chamar atenção das autoridades que, na região, o avanço da produção acontece sem apoio do governo. Precisamos mostrar para o presidente que queremos trabalhar e o único jeito é derrubando. Para formar e limpar nossas pastagens, é com fogo".[8] Além de Terras Indígenas e de Unidades de Conservação, a ação mirava áreas de preservação ainda de pé e outras já desmatadas dentro de terras privadas.

No dia 8 de agosto, a Procuradoria da República do Pará enviou um alerta urgente ao Ibama local: era preciso reforçar a fiscalização de áreas de preservação na região. Apenas em 12 de agosto, o gerente executivo substituto do instituto, Roberto Victor Lacava e Silva, respondeu ao Ministério Público Federal: "Devido aos diversos ataques sofridos e à ausência do apoio da Polícia Militar do Pará, as ações de fiscalização no estado estão prejudicadas por envolverem riscos relacionados à segurança das equipes de campo." Lacava e Silva também informou que havia encaminhado ofícios à Força Nacional de Segurança, vinculada ao Ministério da Justiça, solicitando reforços, mas que nenhuma ajuda chegara a tempo.

A resposta do governo federal viria no dia 25 de agosto, duas semanas depois dos incêndios, após a publicação de uma reportagem na revista *Globo Rural*, na forma de dois tuítes: um do ministro Ricardo Salles e outro do então ministro da Justiça e Segurança Pública, Sergio Moro. Ambos declararam que, a pedido do presidente, o Dia do Fogo seria investigado a fundo. Salles, assim como o já senador Flávio Bolsonaro, compartilhou o link da reportagem destacando o trecho em que a pecuarista Nair Rodrigues Petry acusava, sem provas, servidores do ICMBio de serem os autores dos incêndios criminosos.[9] Três dias depois, a mesma revista apurou que Petry havia recebido uma multa de mais de 1 milhão de reais e tivera sua fazenda embargada pelo ICMBio em maio de 2005. Naquele ano a propriedade de Petry teria sido responsável pela destruição de "70,93 hectares de floresta do bioma amazônico mediante uso do fogo" na Reserva Biológica da Serra do Cachimbo. Somadas, as multas aplicadas entre 2009 e 2021 pelo instituto, só nessa reserva, chegavam a cerca de 200 milhões de reais.

Outro alvo do Dia do Fogo, a Floresta Nacional do Jamanxim, uma das reservas mais desmatadas da Amazônia, é a Unidade de Conservação do país com maior valor de multas aplicadas pelo ICMBio: 571,1 milhões de reais distribuídos em 531 autuações. Mesmo que a maior parte dessas multas jamais seja paga, elas ajudam a entender por que grileiros, em um exemplo clássico do uso deliberado de notícias falsas, acusam o ICMBio pela destruição que eles mesmos perpetraram e o instituto tentou coibir. Quanto à promessa de uma investigação rigorosa feita por Ricardo Salles e Sergio Moro, das 207 propriedades que registraram queimadas nos dias 10 e 11 de agosto de 2019, apenas 5% foram autuadas.

A TECNOLOGIA JÁ EXISTE

Os dados desanimadores sobre a continuidade e a expansão das queimadas nos últimos anos podem dar a impressão de que não há solução para o desmatamento ilegal e que combatê-lo é como enxugar gelo. Não é verdade. Existem técnicas comprovadamente eficazes. Uma delas, que desenvolvemos na Superintendência da PF do Amazonas, consiste em comparar as informações arroladas no Sistema Nacional do Cadastro Ambiental Rural (Sicar) — no qual os proprietários são obrigados a registrar sua identidade, conforme o artigo 29 da Lei nº 12.651/2012, conhecida como Novo Código Florestal — com o polígono da propriedade, ou seja, um desenho do imóvel devidamente georreferenciado. Quando esses dados são projetados sobre as imagens diárias do sistema Planet, é possível descobrir a propriedade na qual a queimada começou e, em seguida, o nome do proprietário da área. Com o levantamento de tais dados, várias medidas preventivas e repressivas puderam ser implementadas no Amazonas.

Assim, no dia 20 de abril de 2021, deflagramos a Operação Pentaedro do Fogo para investigar práticas de queimada, desmatamento ilegal e usurpação de terras da União nos municípios de Apuí, Manicoré (no distrito de Santo Antônio do Matupi) e Maués, todos no sul do Amazonas, a região com a maior incidência de incêndios no estado. Foram cumpridos 27 mandados de busca e apreensão em quatro estados. No Amazonas foram dez em Apuí, quatro em Santo Antônio do Matupi, dois em Maués, quatro em Novo Aripuanã, um em Humaitá; em Rondônia, houve um em Porto Velho; em Mato Grosso do Sul, o mandado foi cumprido em

Alta Floresta; em Santa Catarina, houve uma ocorrência em Balneário Camboriú e três em Porto União.

A Pentaedro do Fogo foi baseada na hipótese, confirmada pelas evidências no campo, de que, se os autores dos incêndios criminosos perceberem que o Estado consegue detectar e identificar suas ações, haverá redução das queimadas. A operação foi mais uma demonstração de que não tem cabimento ou consistência o conformismo, a ideia de que "não tem jeito", "sempre foi assim" e "não há nada que possamos fazer" para tornar mais eficaz o combate ao crime ambiental na Amazônia. Coincidentemente, a Pentaedro foi deflagrada no mesmo dia em que se publicava no *Diário Oficial* a minha exoneração do cargo de superintendente regional. A comunicação social da PF em Brasília não emitiu uma nota sequer sobre a operação.

CONTRACORRENTE ATÉ NÃO PODER RESISTIR
Jair Bolsonaro não apenas queria acabar com a "festa das multas", armar o "homem do campo" e desarmar os fiscais. Ele também determinou que os equipamentos utilizados nos crimes ambientais não fossem mais destruídos durante as ações federais de fiscalização — a destruição é conduta autorizada pelo Decreto nº 6.514/2008, assinado pelo então presidente Luiz Inácio Lula da Silva.[10] Pelo seu lado, o ministro Ricardo Salles daria prosseguimento ao expurgo de quadros técnicos no setor. A queda de Hugo Ferreira Netto Loss, coordenador de Operações de Fiscalização, e de Renê Luiz de Oliveira, coordenador-geral de Fiscalização Ambiental, dois excelentes servidores de carreira do Ibama, colabo-

radores fundamentais das operações de meio ambiente que assumi no Norte do país, foi emblemática nesse sentido.

Se o governo federal agisse no combate às queimadas com a mesma celeridade com que vinha afastando servidores indesejáveis, o cenário na Amazônia seria outro. A portaria de exoneração de Renê Luiz de Oliveira foi assinada no dia 22 de abril de 2020. Era o mesmo dia da reunião ministerial em que o ministro Ricardo Salles, num dos momentos mais críticos da pandemia de covid-19, disse que precisava haver um esforço do grupo ali presente: "Enquanto estamos nesse momento de tranquilidade no aspecto de cobertura de imprensa, porque só se fala de covid, e ir passando a boiada, e mudando todo o regramento [*ambiental*], e simplificando normas."[11] No mesmo dia, Bolsonaro enviou mensagens ao ministro Sergio Moro queixando-se da realização de operações envolvendo a Força Nacional, o Ibama e a Funai sem o seu conhecimento. Hugo Ferreira Netto Loss seria afastado dias depois, em 29 de abril.

A queixa do presidente era consequência da implementação de operações de repressão ao garimpo ilegal realizadas no início daquele mês nas Terras Indígenas Araweté, Apyterewa e Trincheira Bacajá, na região da Volta Grande do Xingu, no sul do Pará. As operações foram tema da edição de 12 de abril do *Fantástico*, programa de variedades dominical da Rede Globo. No dia seguinte à veiculação da reportagem, Olivaldi Azevedo, militar à frente da Diretoria de Proteção Ambiental do Ibama (Dipro), foi exonerado.

Próximo militar a assumir a Dipro, o coronel Olímpio Ferreira Magalhães seria exonerado em julho de 2021, junto com toda a cúpula do Ibama, por determinação do STF. Magalhães havia sido superintendente do Ibama no Amazonas e foi um dos investigados na Operação Akuanduba, da PF, por facilitar o contrabando de madeira ilegal na região. No seu lugar, entrou outro coronel, Samuel Vieira de Souza, que ficou um ano no cargo e, em agosto de 2022, exatamente como Olivaldi Azevedo, foi exonerado após conceder entrevista ao *Fantástico* sobre novas operações de desmonte do garimpo ilegal na Amazônia.

A cabeça de Evane Alves Lisboa, chefe da Reserva Federal Biológica do Gurupi, com quem tive a honra de trabalhar durante os anos no Maranhão, foi pedida, segundo fontes internas, por fazendeiros e madeireiros do estado diretamente ao presidente Bolsonaro, que teria encarregado o presidente do ICMBio da missão. Evane é um homem que trabalha na mata, tem perfil discreto, não se envolve em batalhas públicas. Seus únicos embates eram contra aqueles que avançavam pelos limites da reserva. Seria exonerado em 16 de agosto de 2022.

Cito aqui os nomes de apenas algumas das pessoas afastadas dos órgãos de fiscalização ambiental. Existem dezenas de outros nomes. A tarefa de apurar o número exato de servidores removidos é quase impossível. O desmonte promovido nos órgãos federais responsáveis pelo controle de crimes como invasão de terras protegidas, desmatamento e exploração de ouro ilegal não se deu apenas com a remoção de servidores, mas também por meio de cortes de orçamento. Em 2021, o Estado brasileiro investiu 71% a menos na preservação do meio ambiente do que havia investido em

2014 (3,7 bilhões de reais, comparados com 13,1 bilhões de reais). O orçamento dos órgãos ambientais dessa gestão foi o menor dos últimos dezessete anos.[12]

LAWFARE NOS CORREDORES DA PF

O termo *lawfare*, criado a partir da junção das palavras em inglês *law* (direito) e *warfare* (guerra), refere-se ao uso do sistema jurídico ou administrativo como arma política contra indivíduos. Há várias formas de se atingir um alvo: você pode processá-lo civil, administrativa ou penalmente. Em sete anos de Polícia Federal, eu jamais havia sofrido qualquer tipo de admoestação ou processo disciplinar. Mas dez anos vividos no terreno movediço do Norte do país mudariam drasticamente essa história. Minha disposição para enfrentar o crime ambiental, sem recuar, fez de mim um alvo preferencial.

O primeiro ataque, em Roraima, foi um caso isolado. A representação na esfera criminal movida contra mim e contra o delegado Fabrizio Garbi pelo delegado da Polícia Civil Marcos Lázaro, em 2012, foi uma clara tentativa de intimidação e retaliação por nosso trabalho investigativo na Operação Salmo 96:12. Na época, a rápida movimentação de Leandro Daiello, então diretor-geral, em nossa defesa mandou uma mensagem importante sobre o compromisso da PF com a autonomia de seus investigadores. A ação de Marcos Lázaro era tão estapafúrdia que foi rejeitada pelo juiz de plantão na Justiça Federal de Roraima. Ato contínuo, o Ministério Público Federal denunciou Lázaro por "usurpação de função pública", crime pelo qual foi condenado em primeiro grau.

No Maranhão, onde, entre 2014 e 2017, fizemos grandes operações que resultaram na destruição de equipamentos usados na exploração ilegal por cerca de duzentas madeireiras, não sofri ataques desse tipo. Houve algumas pressões de políticos, mas não assédio administrativo dentro da PF, nem tampouco processos judiciais movidos por investigados. Mais uma vez, a postura da direção da PF não respaldava esse tipo de retaliação por parte dos responsáveis por crimes ambientais.

A mudança começou no governo Temer, quando eu já trabalhava no Amazonas. Nas Superintendências Regionais, já podíamos perceber sinais de que a PF não manteria a mesma independência de antes. Ainda assim, na primeira fase da Operação Arquimedes, quando madeireiras encaminharam à Justiça Federal mais de cem mandados de segurança pedindo a liberação de cargas que haviam sido apreendidas pela PF por estarem eivadas de ilegalidades, não houve manifestação formal da Direção-Geral nem procedimento administrativo interno contra mim. Essa prática teve início após a chegada de Jair Bolsonaro ao poder.

Em 2019, durante a segunda fase da Arquimedes, pela primeira vez um procedimento administrativo foi aberto contra mim para apurar suposto abuso de autoridade na condução de um inquérito policial. Como servidor público, estou, claro, submetido a um conjunto de regras de conduta, e não só posso como devo ser responsabilizado por eventuais desvios. O problema surge quando o motivo de um processo administrativo é um ofício encaminhado por um senador a partir de um "manifesto" redigido pelos advogados de acusados, cujos crimes estavam amplamente comprovados por laudos assinados por peritos criminais federais. Em outras palavras, o absurdo se estabelece no momento em que um diretor-geral da PF age contra um superintendente a pedido de indivíduos comprovadamente responsáveis por ações ilegais.

A direção da PF não só acolheu a suposta denúncia do senador Telmário Mota contra mim, como também optou por instaurar um processo disciplinar, mas sem nomeá-lo como tal. Há diversos procedimentos que podem ser instaurados contra um policial federal, como a sindicância, o Procedimento Administrativo Disciplinar (PAD) e o inquérito administrativo, cada um com suas normas processuais detalhadamente definidas. A Corregedoria-Geral, instruída pelo diretor-geral, não usou nenhum desses procedimentos. Na prática, abriu um processo com todas as características de um PAD, mas sem usar essa nomenclatura. A opção inusual por um procedimento que não obedecia às normas do contraditório dificultou a minha defesa. O processo virou um monstro de mais de dez volumes que circulou por diferentes setores, cada qual responsável por um parecer e com pedidos de esclarecimentos que se multiplicavam. Era um expediente kafkiano, articulado para encontrar alguma microfalha na minha conduta à frente do inquérito da Arquimedes. Um único deslize bastaria.

Eu tinha de me defender, mas estava limitado a manifestações por escrito. Defesas escritas tomam enorme tempo e costumam ser menos eloquentes do que se feitas com sustentação oral. E foi preciso que eu me explicasse dezenas de vezes. Fiz, sozinho, a maior parte dessas defesas. Nas mais complexas tive o precioso auxílio do delegado Max Eduardo. Para piorar, não havia um começo, um meio e um fim, como num processo disciplinar normal. Justamente porque não estão regulamentados de forma clara pelo regimento interno, processos SEI genéricos como o meu têm duração indeterminada.

Esse primeiro procedimento disciplinar irregular circulou por pelo menos dois anos, até chegar às mãos de um delegado "queixo-duro" de um setor da Polícia Judiciária de Brasília que, finalmente, colocou no papel as palavras mágicas: "Ele está certo." Segundo seu entendimento, o inquérito havia transcorrido dentro das normas e, respeitando as regras, eu poderia conduzi-lo da forma que me parecesse mais eficaz. O primeiro parecer favorável foi um respiro.

Àquela altura, porém, já havia um Procedimento Investigatório Criminal (PIC) movido contra mim no Ministério Público do Amazonas idêntico ao processo interno ao qual eu já vinha respondendo na PF. O PIC seria arquivado por falta de provas, mas, se a ideia era me saturar, deu certo. Eu estava, de fato, exausto. Só que não a ponto de liberar as cargas ilegais ou afrouxar a fiscalização da PF nos portos de Manaus.

A percepção de que se tratava de uma tentativa de intimidação organizada por empresas investigadas por crimes ambientais se fortaleceu em 16 de abril de 2021, quando a *Folha de S.Paulo* publicou trechos de conversas de WhatsApp entre indivíduos envolvidos no comércio ilegal de madeira. Num desses trechos, datado de 2 de setembro de 2019, o investigado Roberto Paulino, conhecido como "Betão", responsável por uma grande frota de caminhões de transporte de madeira na Região Amazônica, encaminhou uma foto minha a um interlocutor chamado "Guga" acompanhada da seguinte mensagem: "Alvo a ser abatido." Em outra conversa de Betão com o madeireiro Humberto Jacob de Barros Oliveira, falou-se da necessidade de acionar um certo Júlio para a tarefa de me remover da Superintendência. "Tem que pedir para o Júlio tirar esse cara daqui. Urgente", escreveu Paulino. "Ele vai quebrar todos", respondeu Humberto.

As evidências indicavam que madeireiros que fraudavam documentos e sistematicamente violavam as normas legais, cujos "negócios" eu vinha atrapalhando, pediram ajuda ao senador Telmário Mota, que entrou em contato com o então diretor-geral da PF. Este, por sua vez, recebeu representantes dos madeireiros investigados em sua sala na sede da Direção-Geral — um procedimento *sui generis*. Caso se tratasse de outro tipo de crime, como tráfico de drogas ou contrabando, tal encontro, na sala do diretor-geral, teria ocorrido? Eu, pelo menos, jamais tinha visto isso.

Os diversos processos me pressionavam e me faziam temer a paralisação das investigações. Diante desse quadro, tomei a única decisão que me pareceu possível: aumentar a fiscalização dos delitos ambientais. No que dependesse de mim, os criminosos não conseguiriam intimidar a PF. Convoquei uma reunião da equipe envolvida na Operação Arquimedes, expliquei o que estava acontecendo, falei dos riscos, pedi cautela e o máximo de atenção e, ao final, disse o seguinte:

— Agora é para olhar tudo. Não vai passar nem uma ripa de madeira por aqui sem que seja verificada.

Enfim, diante das pressões, dobrei a aposta. O resultado foi uma nova leva de apreensões de cargas com documentação irregular ou inexistente. Denominamos essa nova e bem-sucedida fase da operação, de cunho ostensivo, de Eureka. Em retrospecto, posso afirmar que a *lawfare* movida pelos madeireiros investigados e seus aliados foi malsucedida. As ações judiciais que pediam a devolução da madeira apreendida na Arquimedes, em sua vasta maioria, foram rejeitadas pela Justiça Federal.* A título de exemplo, transcrevo trecho da sentença que negou o mandado de segurança impetrado pela RR Indústria e Comércio de Madeiras Eireli (Processo nº 1016159-72.2019.4.01.3200), da lavra da juíza federal Jaiza Maria Pinto Fraxe:

> *Ademais, a alegação central da exordial, no sentido de que "a Polícia Federal teria retido madeira, extrapolando os prazos previstos no Código de Processo Penal", bem como que está sendo "eternamente investigada", e que "eventuais irregularidades cometidas durante o processo de regularização fundiária dos imóveis, ou mesmo no curso dos processos de licenciamento ambiental, não podem ser imputadas à Impetrante", são todas genéricas e incompatíveis com a estreita via do mandado de*

---

* Importante ressaltar que, enquanto eu redigia manifestações em defesa da minha conduta como presidente do inquérito na Arquimedes, fui chamado para dar aulas na Academia Nacional de Polícia para cinco das seis turmas em formação sobre a metodologia da operação, apresentada pela instituição mundo afora como um exemplo a ser seguido e disseminado. Em minha defesa para a Corregedoria, escrevi: "Se o que eu estou fazendo está errado, a última coisa que vocês deveriam fazer seria me colocar para dar aula para os delegados novos."

segurança, devendo a parte interessada percorrer as vias ordinárias para provar seu pretenso direito.

O que efetivamente a lei não permite é que o sistema de justiça amordace a autoridade de Polícia Judiciária da União e a impeça de investigar, mormente quando esse é seu papel constitucional e legal. No ponto, com a razão o órgão do MPF, ao afirmar provas suficientes de "irregularidade tanto em questão de essência da carga quanto na origem da exploração das madeiras, o que vincula todos os contêineres da Impetrante, caracterizando a validade da apreensão dos mesmos".

Essa decisão foi um passo importante. A contundência e o senso de justiça revelados pela magistrada colocaram as "partes" nos seus devidos lugares.

A perseguição que veio na esteira da Operação Arquimedes foi uma preparação para o que eu enfrentaria em consequência da Operação Handroanthus. A maior apreensão de madeira ilegal da história do país me cobrou um preço equivalente. Assinada por um juiz do Pará que estava de férias, a decisão que condenava a mim e a outros policiais a uma multa diária de 200 mil reais — caso não liberássemos balsas carregadas de madeira ilegal e maquinários utilizados para a prática do crime — é apenas um exemplo. Outros foram citados quando abordei a Operação Handroanthus.

Aqui, basta dizer que, como superintendente regional, inúmeras vezes concedi entrevistas prestando contas do trabalho da PF em investigações, prisões ou operações dos mais diversos tipos. Nenhuma dessas entrevistas gerou qualquer tipo de restrição por parte do comando da PF. Mas isso mudou quando respondi às declarações do então ministro do Meio Ambiente, Ricardo Salles, contra a Handroanthus. Depois de uma década de combate ao crime na Amazônia, não poderia me calar diante da defesa de atos ilegais promovida por Salles. Como já relatado, a recusa a me intimidar levou a procedimentos disciplinares internos, ao envio de uma queixa-crime contra Salles ao STF e, finalmente, à minha exoneração da Superintendência da PF no Amazonas.

Com a licença para destruir organismos policiais e de fiscalização oferecida pelo governo Bolsonaro, a organização criminosa que atua no ramo madeireiro no Norte alcançou dois feitos inéditos: se beneficiou de atos praticados por um ministro do Meio Ambiente e viu um superintendente da PF ser derrubado. Até onde sabemos, nem o PCC conseguiu chegar tão longe.

No dia 26 de abril de 2021, seis dias após a minha exoneração do cargo ter sido publicada no *Diário Oficial*, fui convocado a prestar depoimento na Câmara dos Deputados sobre a notícia-crime contra o ministro Ricardo Salles. Na audiência, empenharam-se na defesa dos madeireiros ilegais diversos deputados aliados de Bolsonaro, entre os quais se destacaram: Alê Silva (Republicanos-MG); Carla Zambelli (PL-SP); Caroline de Toni (PL-SC); Nelson Barbudo (PL-MT); e Ubiratan Antunes Sanderson (PL-RS). Este último, então vice-líder do governo na Câmara, chegou a afirmar, dirigindo-se a mim:

— Eu digo aqui, com toda a sinceridade: se o senhor não

tiver um advogado muito bom, provavelmente o senhor vai da Polícia Federal para a rua.

O pleno exercício da missão policial foi a razão do meu retorno ao estado do Rio de Janeiro, para trabalhar em inquéritos que pouco aproveitavam a minha experiência profissional. Do ponto de vista estritamente funcional, voltei menor do que fui. Quando saí do Rio de Janeiro para assumir a Superintendência de Roraima, era responsável por uma das mais importantes delegacias da PF no estado. Dez anos depois, de superintendente regional mais antigo, trabalhando no maior estado do Brasil, o Amazonas, fui transferido para a delegacia da PF em Volta Redonda, no Sul Fluminense, conduzindo investigações de baixa complexidade. As particularidades da minha exoneração e do meu rebaixamento abriram um precedente na PF que passava o seguinte recado: quem insistir com investigações que afetem aliados ou integrantes do governo federal não ficará no cargo.

Mas essas medidas também desgastaram a Direção-Geral da instituição, tanto internamente, no efetivo da PF, quanto em sua imagem pública. A repercussão entre grande parte dos delegados foi ruim, porque os fatos em torno da minha destituição enfraqueciam a corporação como um todo. Não se pode tirar um superintendente do cargo porque ele está trabalhando.

A represália seguinte contra mim viria em consequência de minha participação no programa de entrevistas *Roda Viva*, da TV Cultura, exibido em 7 de junho de 2021, quando eu já estava de mudança para Volta Redonda. Primeiro, foi aberta uma sindicância. No Direito Administrativo, ao final de uma sindicância em geral é oferecido um acordo, o Termo de Ajustamento de Conduta (TAC), que, se firmado, evita a abertura de um PAD. No meu caso, o acordo envolvia frequentar um curso de Ética Policial na Academia de Polícia e a promessa de não conceder novas entrevistas sem o aval da cúpula da PF.

Por mais banal que possa parecer aceitar o castigo de frequentar um curso a distância, concordar seria admitir que eu violara uma norma ética ao participar do *Roda Viva*. No momento em que li a proposta do TAC, me veio imediatamente à lembrança algo que aprendi ainda nos tempos de estagiário de Direito, quando eu trabalhava no departamento jurídico de uma grande empresa. Nós havíamos perdido uma ação — a nosso ver injustamente, pois a parte vencedora tinha aplicado um golpe financeiro — e o juiz condenou nossa empresa a pagar uma indenização de 200 reais, valor bem abaixo da expectativa do vencedor da ação. A regra na empresa era sempre recorrer das decisões desfavoráveis, porém, nesse caso, havia uma questão a ser considerada: as custas judiciais para protocolar o recurso atingiam um valor três vezes maior que o da condenação. Aritmeticamente falando, seria melhor pagar e esquecer o assunto. E foi isso o que o advogado que eu auxiliava, Luis Fernando Priolli, sugeriu ao nosso chefe, Newton de Souza Junior. Mas a resposta do nosso chefe foi curta e categórica:

— Recorram, não é o valor, é a tese.

"Não é o valor, é a tese" — nunca mais esqueci essa frase. Se algo está errado, deve ser combatido. Aquela vivência reforçou a minha convicção de que não se deve curvar-se ao que está errado por uma simples questão de custo, seja financeiro, seja profissional, seja pessoal. Assim, diante dessa lembrança, ao assinar a intimação que me concedia o prazo de dez dias para aceitar o acordo ou apresentar a minha defesa, escrevi, sem hesitar, em letras garrafais "NÃO ACEITO!!!" Assinei em seguida e devolvi ao portador. O problema não era o curso que teria de fazer, era a tese.

Minha postura estava fundamentada em uma decisão de 2021 do STF, que considerava inconstitucional a proibição de o policial federal conceder entrevistas, proibição prevista no artigo 43, inciso II, da Lei nº 4.878/1965, editada ainda durante o regime militar.[13] De acordo com o Supremo, o direito à liberdade de expressão do servidor da PF deve se limitar tão somente ao sigilo necessário a investigações em andamento, o que me parece absolutamente correto. Eu havia seguido essa diretriz na íntegra, pois não revelara qualquer informação sigilosa no *Roda Viva*. Além da decisão do STF, considerei o fato de que muitos outros delegados haviam concedido entrevistas sem autorização prévia e nem por isso haviam enfrentado procedimentos disciplinares.

E mais: durante a gravação do *Roda Viva*, eu evitara ataques diretos ao presidente da República, apesar das repetidas pressões da bancada de entrevistadores. Minha intenção era preservar as operações em curso e os colegas que as conduziam na Superintendência do Amazonas. Ingenuamente, acreditei que se me mantivesse dentro de certos limites evitaria outras represálias. Agora, com o novo processo, me dei conta de que o que estava em jogo era o direito de a sociedade saber o que estava acontecendo não só na Amazônia, mas também na própria instituição da PF. Entendi, então, que seria fundamental divulgar os fatos e passei a aceitar todos os convites de entrevistas que chegavam. Eu gostaria de ter evitado novas dores de cabeça, mas concluí que precisava fazer o possível para defender a PF, instituição à qual dediquei a maior parte da minha vida profissional e à qual permanecia leal. Além disso, a floresta continuava sendo ceifada pela exploração ilegal e clandestina. A cada entrevista, um novo procedimento interno era gerado. Formava-se, assim, uma bela coleção.

Venho me defendendo nos processos internos, reiterando o meu direito de falar à imprensa em nome próprio, tratando de temas que estudei e pesquisei no doutorado. Até agora, tenho tido sucesso. Cito apenas dois exemplos. No procedimento disciplinar apreciado pela Corregedoria da PF no Rio de Janeiro (Processo n° 08200.018602/2021-10), o delegado Pedro Alves Ribeiro, parecerista do Núcleo de Disciplina da Corregedoria do Rio de Janeiro, escreveu que minha entrevista "teve caráter pessoal, não ofendendo a finalidade funcional ou a eficiência do serviço prestado pela Polícia Federal, estando, portanto, albergada pelo direito à livre manifestação de pensamento e desprovida de qualquer reflexo disciplinar". Esse parecer foi corroborado pelo chefe do Núcleo de Disciplina, delegado Bruno Cereto, que acrescentou que "o entrevistado falou em nome próprio e não indicou ostentar a posição oficial da Polícia Federal". Ambos os delegados mencionados sugeriram o arquivamento do procedimento disciplinar e fizeram menção à "recente decisão do plenário do STF na ADPF n° 353", que tornou inconstitucionais os artigos disciplinares pelos quais me processaram.

★★★

Em 14 de junho de 2022, fui convidado a participar do programa jornalístico e de entrevistas *Estúdio i*, da GloboNews, num bloco dedicado ao desaparecimento de Bruno Pereira e Dom Phillips em Atalaia do Norte, no Amazonas. Dias depois do programa, os corpos de Bruno e Dom foram encontrados, confirmando seu brutal assassinato. Em meu depoimento, afirmei que não se pode pensar sobre o alcance das organizações criminosas na Amazônia sem mencionar a força política que existe por trás delas. Essa força envolve políticos que, do alto de seus mandatos, apoiam, nos bastidores e publicamente, "empresários" envolvidos em práticas como o garimpo e o desmatamento ilegais. Sendo eles agentes públicos, como não os nomear? Eu disse então, e repito agora, o que nenhum processo mudará: os senadores Zequinha Marinho (PL-PA), Telmário Mota (PROS-RR), Mecias de Jesus (Republicanos-RR) e Jorginho Mello (PL-SC), além da deputada federal Carla Zambelli (PL-SP), fazem parte desse grupo.

Minhas divergências com a maioria deles não haviam começado, é claro, naquela entrevista no *Estúdio i*. A diferença de opinião com Zequinha Marinho e Carla Zambelli era pública e vocal desde 2021, quando acompanharam Ricardo Salles ao Pará para averiguar os trabalhos da PF na Operação Handroanthus e se solidarizaram não com a polícia, que enfrentava dificuldades para executar seu trabalho, mas com os investigados. Não foram poucas as vezes que trocamos farpas pelo Twitter desde então. Mas, ao dizer na GloboNews que a ausência de processos desses parlamentares contra mim demonstrava que minhas declarações eram baseadas em fatos, eu os colocara numa situação constrangedora. E eles precisavam ao menos acenar com um processo, como forma de resposta a seus seguidores e eleitores.

Dias depois, Carla Zambelli entrou com uma ação por dano moral contra mim — estranhamente encaminhada para o endereço onde morei vinte anos atrás e não para o atual, de fácil localização, uma vez que sou funcionário público federal — e também contra duas jornalistas que participaram do programa. Já Telmário Mota e Jorginho Mello, este eleito governador de Santa Catarina nas eleições de 2022, apresentaram uma queixa-crime por injúria e difamação contra mim. Duas das três testemunhas de acusação arroladas por Jorginho em seu processo constam como investigadas em inquéritos da PF, com laudos que provam inúmeras irregularidades graves. Junta-se a esse grupo o delegado da PF Marcelo Xavier, presidente da Funai de 2019 até o fim de 2022, que me processa por dano moral por eu ter publicado um tuíte em que o acusava de defender garimpeiros e não indígenas, como pede sua função pública.

Não é fácil responder a tantos processos que correm simultaneamente em diferentes esferas, mas, no caso desses últimos, por tratarem de declarações minhas sobre servidores públicos, cabe um expediente do Direito chamado "exceção da verdade". Exceção aqui no sentido de defesa, o que significa defesa da verdade. Se eu provar que estou falando a verdade, não apenas encerro os processos contra mim, como também tenho a oportunidade de mostrar a culpa dessas pessoas em outra esfera, em uma decisão com trânsito em julgado. E, conforme comentei naquela tarde de junho diante da bancada do *Estúdio i*, tenho dois carrinhos de supermercado lotados de provas contra eles.

Quanto ao ex-diretor-geral da PF Paulo Maiurino, dele partiram dois processos por publicações em minha conta no Twitter. Numa delas eu questionava o fato de que ele pudesse investir no mercado imobiliário de Miami com o salário da PF; na outra publicação, eu criticava o fato de ele ter levado o irmão, também delegado da PF, a uma missão de sete dias na Tunísia à custa dos cofres públicos. Maiurino pediu indenização de 100 mil reais em cada um dos processos, além de multa de 10 mil reais por dia, caso eu voltasse a mencioná-lo nas redes sociais. Ele perdeu os dois processos na primeira instância.

Maiurino me afastou da luta na Amazônia. Não é isso, porém, o que me leva a denunciá-lo. O presidente Jair Bolsonaro e o ministro Ricardo Salles conseguiram desmontar o Ibama, o ICMBio e a Funai, mas, enquanto a PF estava no circuito, ainda havia algum controle sobre os crimes ambientais. Conta-se que na época da Operação Handroanthus, durante uma reunião de policiais federais com representantes de madeireiros da Região Norte, a certa altura um dos descontentes teria dito:

— Nós estamos com saudades do Ibama.

Maiurino resolveu esse problema. Durante sua gestão, afastou a mim e aos delegados Rubens Lopes, Franco Perazzoni e Thiago Leão, todos engajados diretamente no combate ao crime ambiental na Amazônia. Na minha opinião, a consequência foi o desmonte da atuação ambiental da PF.

***

A história da exploração de madeira no Brasil é antiga. O pau-brasil, árvore que deu origem ao nome do nosso país e uma das primeiras matérias-primas extraídas da então Colônia pelos portugueses, entrou em 1992 para a lista de espécies em risco de extinção 4 e atualmente é protegida por lei, não podendo ser cortada para fins comerciais. Hoje, a exploração ilegal e irracional de outras espécies, como ipê, cumaru e angelim, é a maior ameaça à floresta amazônica. A grande extensão dessa floresta talvez explique por que uma parte das brasileiras e dos brasileiros não dê o devido valor à madeira extraída dessas árvores, muitas das quais levaram mais de um século para se formar. Os milhares de quilômetros quadrados de floresta na região ainda de pé não configuram um recurso natural renovável, como alguns imaginam. Seu uso racional é possível, mas sem o devido controle se repetirá a tragédia ambiental, climática e econômica que se abateu sobre países do sul da Ásia, que perderam suas florestas para a extração predatória da madeira.

No Brasil, ainda há um grande desconhecimento sobre as consequências sociais e criminais do desmatamento na Amazônia. Ali, a atividade ilegal tem conquistado territórios cada vez maiores, ampliando a abrangência do seu poder ao combinar-se a atividades antes distintas, como garimpo ilegal, tráfico de entorpecentes e tráfico de madeira. Assim, as ações dos órgãos de controle — polícias e instituições públicas ambientais — são fundamentais para a resolução do problema. No entanto, as operações de repressão ao crime ambiental jamais serão suficientes sem uma análise dessas atividades criminosas, a fim de que sua dinâmica seja compreendida e medidas de governança sejam desenvolvidas, tendo em vista a prevenção da criminalidade.

Por trás do tráfico da madeira oriunda da Amazônia Legal há uma cadeia longeva e lucrativa de relações escusas e ações ilegais. Em pleno ano de 2022, a floresta amazônica está sendo condenada porque agentes públicos corruptos ou ineptos a estão entregando a criminosos que se apresentam como empresários e produtores rurais quando suas operações são investigadas. Ao contrário do que dizem os políticos que os defendem, muitos desses empresários e fazendeiros não geram desenvolvimento econômico nos estados em que atuam, porque usurpam terras e riquezas naturais públicas como se fossem suas e pagam salários ínfimos à mão de obra local. Só eles e seus aliados lucram com essas atividades ilícitas. A exploração ilegal da madeira tampouco é obra de pequenos e médios madeireiros. É um negócio que envolve centenas de milhões de dólares a partir da derrubada de árvores em terras públicas e em áreas de preservação permanente, árvores que, transformadas em madeira, são exportadas para o mundo todo com documentação falsa. Os valores são altos e a influência política dos criminosos também.

Esses personagens foram fortalecidos nos anos Bolsonaro, quando enfrentá-los nunca foi tão perigoso. Ainda assim, raras são as vozes no Congresso Nacional que se levantam para defender servidores públicos que estão na linha de frente do combate ao crime ambiental. Enquanto isso, o ipê brasileiro, que pode levar cem anos para se formar e cuja madeira é de altíssima qualidade, é negociado no mercado internacional como madeira inferior, aquela que se forma em menos de dez anos e é produto de plantio. Nosso valioso ipê chega aos Estados Unidos a preço de compensado e pínus e à Europa a preço de eucalipto.

Infelizmente, questões políticas nos têm impedido de proteger nossas florestas. Instituições como o Judiciário, as polícias, o Ministério Público e as Forças Armadas, apesar dos belos discursos, fazem menos que o esperado e menos ainda do que o necessário. A sociedade brasileira também pouco se organiza. Quantos tomam as ruas em favor da Amazônia ou do Pantanal?

A comunidade internacional, por sua vez, "exige" a proteção das florestas brasileiras ao mesmo tempo que consome árvores da Amazônia comercializadas com documentos falsos, importando madeira a preços suspeitos sem se ocupar de sua origem. No caso dos países europeus, basta que olhemos o Regulamento Europeu (RE) nº 910/2010 e para o RE nº 1.760/2000. O primeiro, que trata da importação de madeira para a Europa, traz regras lenientes que demandam muito poucas informações do comerciante europeu sobre a origem da madeira que importa. Já o rigor em relação à origem é muito maior no RE nº 1.760/2000, que regula a importação de carne bovina para aquele continente. Ali, a palavra "rotulagem", que pressupõe sucessivos procedimentos de controle, é mencionada 33 vezes. Não me oponho ao rigor, mas não compreendo por que igual rigor não é utilizado na importação da madeira amazônica. A única explicação, a meu ver, reside nos interesses comerciais. Enquanto a madeira brasileira entra na Europa como insumo para a economia europeia, os produtos agropecuários entram como concorrentes da produção local.

As operações policiais Salmo 96:12, em Roraima (2012), Ferro e Fogo (2014), no Maranhão, Arquimedes (2017) e Handroanthus (2020), no Amazonas, não só apreenderam dezenas de milhares de árvores abatidas ilegalmente, como também tornaram mais claro o complexo labirinto trilhado pelo mercado de exploração da madeira e grilagem de terras. No rastro do desmatamento e da grilagem existe uma alta taxa de homicídios, um Índice de Desenvolvimento Humano (IDH) subsaariano e um futuro incerto para a floresta e aqueles que dela dependem.

Para compreender a dinâmica do desmatamento ilegal, é preciso, em primeiro lugar, lembrar que esse tipo de crime é lastreado e viabilizado por processos administrativos estaduais fraudados, a maioria deles iniciada entre 2010 e 2019. A verdadeira fonte do desmatamento ilegal reside aí. A estratégia de combater somente as consequências dessas fraudes, ou seja, o desmatamento visível, sem atacar a corrupção no processo de autorização, jamais dará conta de impedir desmatamentos futuros. Mesmo com o comprometimento e a dedicação de servidores do Ibama, do ICMBio, da Funai e da PF, até hoje não foi possível, combatendo-se apenas o desmatamento visível, interromper a engrenagem geradora dos vultosos lucros da indústria da madeira ilegal.

Alguns especialistas em mudanças climáticas afirmam que a dilapidação do ecossistema amazônico pode representar para o Brasil e os países fronteiriços o que o acidente na usina nuclear de Chernobyl representou para a Rússia, a Ucrânia e seus vizinhos. Ainda que a comparação seja imprecisa, ela é útil, pois expressa com clareza a ideia de que os danos ambientais na Amazônia podem ter efeitos súbitos, de grande letalidade e longuíssimo prazo. A metáfora também tem o mérito de transmitir um sentido de urgência quanto à necessidade de implementação de políticas eficazes de combate ao crime ambiental, pois, na Amazônia, estamos cada dia mais próximos do ponto em que o dano será irreversível, tal como ocorreu em Chernobyl.

Um relatório recente da ONU projetou um aumento de 2,8°C na temperatura global até o fim deste século, o que pode se refletir num impacto irreversível sobre os ecossistemas do planeta.[14] O Brasil está entre os cinco países que mais emitem gases de efeito estufa. Com uma enorme área desmatada de mais de 440 mil km², em terras públicas e privadas (cerca de 34 mil km² apenas nos três primeiros anos do governo Bolsonaro), segundo dados do Laboratório de Gases de Efeito Estufa, do Inpe, a floresta amazônica pouco a pouco passa da condição de "barreira" às mudanças climáticas para a de "aceleradora" dessas mudanças.[15] Os "rios flutuantes" produzidos pela nossa imensa floresta, que resfriam a atmosfera, deságuam em chuvas no resto do país e ajudam a promover o equilíbrio climático em todo o planeta, já estão bastante comprometidos.

A atividade madeireira, responsável pela maior parte do desmatamento e das queimadas na Amazônia Legal, frequentemente de forma criminosa, é a fonte de grande parte dessa emissão de carbono. Os graves danos provocados pela atividade madeireira ilegal na Amazônia estão cientificamente provados pelos mais qualificados estudiosos, no Brasil e no exterior. Ainda assim, prevalecem o negacionismo e a imprevidência na utilização dos nossos recursos florestais, de elevado valor ambiental e econômico. Assim, por falta de conhecimento, ou simplesmente por cumplicidade, os interesses da população brasileira vêm sendo espoliados. A madeira, cada vez mais valiosa no contexto global, está desprotegida, tornando-se um alvo fácil para os criminosos.

A principal lição que tirei de uma década de luta contra o crime ambiental na Região Norte, e que reitero neste livro, é que somente com a regularização dos processos de autorização para a exploração da madeira será possível combater o desmatamento. Não existe desmatamento sem DOF. Esse documento é o "salvo-conduto" que lastreia e concede passe livre à madeira por todo o território nacional e para o exterior.

A reformulação é mais simples do que pode parecer, e o primeiro passo seria promover uma auditoria nas autorizações de corte com validade no presente. Os custos dessa auditoria são ínfimos se comparados ao custo de outras ações de repressão, ao passo que seus resultados são mais efetivos e perenes. Bastam dez peritos e/ou analistas ambientais do Ibama capacitados para analisar a consistência técnica dos processos vigentes. Atuando em conjunto com eles, um igual número de policiais federais realizaria no campo a investigação das dúvidas, das pendências e dos desvios identificados pelos peritos. Em poucos meses, seria possível rever e sanear as autorizações de corte.

Depois dessa primeira limpa, destinada a tirar do mercado a madeira "esquentada" de maneira grosseira, seria o momento de implementar um sistema de verificação da regularidade da exploração florestal por meio de sistema de satélites. A tecnologia para isso já existe e ganha ainda mais eficácia com a promissora tecnologia de verificação da origem da madeira por meio de isótopos estáveis e/ou por fluorescência direta de raios X.

A preservação da floresta para as futuras gerações depende não só da eficiência dos órgãos de controle e fiscalização, como também das políticas públicas destinadas à conservação e ao manejo sustentável da floresta. Não é necessária, nem recomendável, uma política de Estado que postule uma Amazônia intocada, sem estradas, agronegócio ou mineração. Milhões de brasileiros que merecem alcançar o mesmo IDH das regiões Sul e Sudeste vivem na Amazônia Legal. A solução é a exploração racional, que só será possível por meio de uma legislação capaz de equilibrar a necessidade de geração de riquezas com a proteção ao meio ambiente.

Para alcançar esse equilíbrio, é preciso, sim, limitar a extração e o corte a certas áreas e a quantidades definidas em planos de manejo bem construídos tecnicamente, além de se criar um arcabouço jurídico robusto, uma estrutura estatal com pessoal, logística e tecnologia que possibilitem o combate bem-sucedido ao crime ambiental. O Brasil já dispõe das ferramentas tecnológicas necessárias para o controle da produção madeireira. A palavra-chave é rastreabilidade, isto é, uma certificação tecnicamente consistente, capaz de garantir uma efetiva cadeia de custódia e a origem lícita da matéria-prima. O que ainda nos falta é vontade política para colocar tudo isso em prática. Pela extensão da sua floresta e pela importância desse recurso natural no âmbito global, a situação ambiental da Região Amazônica é, a um só tempo, crise e oportunidade. Se o Brasil conseguir proteger seus recursos naturais na Amazônia para gerações futuras, poderá também exercer um papel de liderança na construção de políticas eficazes de combate ao aquecimento global. Esse é o desafio que se coloca neste momento.

Depois de conviver décadas na região e de muito estudar a questão, penso que podemos e devemos ousar, penso que o Brasil pode estabelecer novos paradigmas globais. No futuro, quando políticas de preservação ambiental estiverem consolidadas e a melhoria da qualidade de vida dos habitantes da Amazônia estiver sinalizada, poderemos dar mais um passo e estipular uma moratória no corte de árvores das florestas tropicais. A moratória seria baseada na ideia de que uma árvore que demora mais de um século para crescer vale mais viva do que como insumo para um móvel de luxo. Essas árvores centenárias exercem uma função ecológica vital. Da mesma forma que deixamos de usar casacos de pele, graças a um movimento de conscientização planetária, também podemos evoluir em nosso entendimento e deixar de usar madeiras nobres nativas da Amazônia, do Congo ou do Sudeste Asiático.

Espécies como pínus e eucalipto, plantadas pelo homem em escala industrial, podem perfeitamente substituir o uso da madeira florestal no atendimento das necessidades humanas. A cultura da utilização da madeira tropical como matéria-prima deve ficar no passado. A Idade da Pedra não terminou por falta de pedras — e aqui parafraseio o ex-ministro do Petróleo da Arábia Saudita Zaki Yamani, que afirmou que "a Idade da Pedra não terminou por falta de pedras, mas a Idade do Petróleo terminará muito antes do fim do petróleo". Ainda não é possível precisar quando essa moratória se tornará viável e quando contará com o apoio dos habitantes da Amazônia e o respaldo de toda a sociedade brasileira. Antes disso, contudo, temos um longo caminho a percorrer no combate ao crime ambiental — e a Amazônia precisa que aceleremos o passo.

Ainda é tempo.

Agradecimentos

Aos advogados Eugênio Pacelli de Oliveira e Amaury Soares Marques Junior, pelo apoio jurídico fundamental que, generosamente, me concederam.

Ao professor, doutor e cientista Niro Higuchi, pelas orientações científicas e de vida que recebi como seu aluno.

Às queridas professoras, doutoras e cientistas Therezinha de Jesus Pinto Fraxe e Maria Teresa Gomes Lopes, pelos ensinamentos recebidos.

À Elisa Menezes, por sua enorme paciência.

A todos os policiais federais, fiscais do Ibama/ICMBio e servidores públicos que me ajudaram a rememorar as histórias contadas neste livro.

Notas

1. Não vai passar boiada

1. Giovana Girardi, "Salles promete reduzir desmatamento da Amazônia em 40% se Brasil receber US$ 1 bi dos EUA", jornal *O Estado de S. Paulo*, 3 abr. 2021. Disponível em: <https://www.estadao.com.br/sustentabilidade/salles-promete-reduzir-desmatamento-da-amazonia-em-40-se-brasil-receber-us-1-bi-dos-eua/>. Acesso em: 15 jul. 2022.

2. Segundo a revista *Veja*, a Rondobel, criada nos anos 1990, com sede em Belém e Santarém, teria sido responsável pelo desmatamento de uma área de 6 mil hectares "para abrir uma pista de pouso", já tendo sido autuada também pelo uso de sete motosserras sem licença e inserção de "informações falsas no sistema de controle ambiental". Ver: Juliana Castro e Eduardo Gonçalves, "Escândalo amazônico", *Veja*, 30 abr. 2021. Disponível em: <https://veja.abril.com.br/brasil/inquerito-da-pf-revela-acusados-no-caso-de-apreensao-recorde-de-madeira/#:~:text=Entre%202001%20e%202018%2C%20a,totalizando%207%20milh%C3%B5es%20de%20reais>. Acesso em: 16 nov. 2022.

3. A título de exemplo, ver os laudos periciais de n°s 966/2020, 968/2020 e 003/2021, produzidos por peritos federais criminais do Setor de Criminalística da Superintendência da Polícia Federal do Amazonas (Setec/SR/PF/AM). Esses documentos técnicos apontaram fraudes e irregularidades gravíssimas em todo o processo de autorização de exploração produzido pela Secretaria de Meio Ambiente e Sustentabilidade do Pará.

4. Criado em 1995, o Conselho Nacional da Amazônia Legal foi transferido, por decreto assinado em 11 de janeiro de 2020 pelo presidente Jair Bolsonaro, do Ministério do Meio Ambiente para a Vice-Presidência da República para realizar funções que caberiam ao Ibama. Ficaram à frente da nova versão do órgão o vice-presidente da República, Hamilton Mourão, e catorze ministros de Estado. Disponível em: <https://www.gov.br/planalto/pt-br/conheca-a-vice-presidencia/conselho-da-amazonia>. Acesso em: 19 dez. 2022.

5. Karine Melo, "Operação Verde Brasil 2 apreende madeira no Pará", Agên-

cia Brasil, 26 dez. 2020. Disponível em: <https://agenciabrasil.ebc.com.br/geral/noticia/2020-12/operacao-verde-brasil-2-apreende-madeira-no-para>. Acesso em: 10 dez. 2022.

6. Um dos processos disciplinares movidos contra o juiz Antonio Carlos Almeida Campelo que pode ser consultado é o de nº 0004306-41.2020.2.00.0000 (CNJ/PJe, 01/06/2021). Disponível em: <https://static.poder360.com.br/2021/06/Juiz-Handroanthus-Relatorio-CNJ-3-jun-2021.pdf>. Acesso em: 10 jul. 2022.

2. Efeito dominó

1. Giovana Girardi, "Salles promete reduzir desmatamento da Amazônia em 40% se Brasil receber US$ 1 bi dos EUA", jornal *O Estado de S. Paulo*, 3 abr. 2021. Disponível em: <https://www.estadao.com.br/sustentabilidade/salles-promete-reduzir-desmatamento-da-amazonia-em-40-se-brasil-receber-us-1-bi-dos-eua/>. Acesso em: 15 jul. 2022.

2. "Live da Semana com Presidente Jair Bolsonaro — 19/11/2019", Canal YouTube. Disponível em: <https://www.youtube.com/watch?v=nkdMo9XQ-YM>. Acesso em: 15 jul. 2022.

3. A Amazônia Legal, instituída pela Lei nº 1.806/53, reúne nove estados com características semelhantes com o intuito de melhor planejar o desenvolvimento socioeconômico na região. São eles: Acre, Amapá, Amazonas, Mato Grosso, Pará, Rondônia, Roraima, Tocantins e parte do Maranhão.

4. A GLO mencionada se refere à criada pelo Decreto nº 10.730/2021, que autorizou o emprego das Forças Armadas, entre 28 de junho e 31 de agosto daquele ano, para garantir a lei e a ordem em Terras Indígenas, Unidades de Conservação, áreas de propriedade ou sob a posse da União em municípios de Rondônia, Pará, Mato Grosso e Amazonas. O decreto foi assinado pelo presidente Jair Bolsonaro.

5. Ver: Tribunal de Justiça do Estado de São Paulo, 3ª Vara de Fazenda Pública, sentença nº 1023452-67.2017.8.26.0053. Disponível em: <https://www.oeco.org.br/wp-content/uploads/2018/12/senten%C3%A7a.pdf>. Acesso em: 10 dez. 2022.

6. O delegado Franco Perazzoni foi afastado do comando da Delecor mas pôde continuar conduzindo a Operação Akuanduba com base no artigo 2º, § 4, da Lei nº 12.830/2013. Disponível em: <https://www.planalto.gov.br/ccivil_03/_ato2011-2014/2013/lei/l12830.htm>. Acesso em: 18 dez. 2022.

7. Vinicius Sassine e Marcelo Rocha, "PF aponta operações suspeitas de Salles em escritório com a mãe durante governo Bolsonaro", jornal *Folha de S.Paulo*, 21 mai. 2021. Disponível em: <https://www1.folha.uol.com.br/ambiente/2021/05/pf-aponta-operacoes-suspeitas-de-salles-em-escritorio-com-a-mae-durante-governo-bolsonaro.shtml>. Acesso em: 10 dez. 2022.

3. Recriar o paraíso agora

1. Dizem os versos de "Sal da Terra", canção de Beto Guedes: "Vamos precisar de todo mundo/ Um mais um é sempre mais que dois/ Para melhor construir a vida nova/ É só repartir melhor o pão/ Recriar o paraíso agora/ Para merecer quem vem depois."

2. Mais sobre o tema em: Kevin Damasio, "Ditadura militar quase dizimou os Waimiri Atroari e indígenas temem novo massacre", revista *National Geographic*, 1º abr. 2019. Disponível em: <https://www.nationalgeographicbrasil.com/historia/2019/04/ditadura-militar-waimiri-atroari-massacre-genocidio-aldeia-tribo-amazonia-indigena-indio-governo>. Acesso em: 10 dez. 2022.

3. Instituída por lei em 2011 e instalada oficialmente em maio de 2012 pelo governo federal, a Comissão Nacional da Verdade investigou crimes contra os direitos humanos ocorridos entre 18 de setembro de 1946 e 5 de outubro de 1988 praticados por agentes públicos ou a seu serviço, com apoio ou no interesse do Estado. A ênfase do colegiado, cujos trabalhos se encerraram em dezembro de 2014, foi sobre o período da ditadura militar.

4. O documento "Breve histórico sobre a BR 174 e os índios Waimiri Atroari" foi redigido e assinado em 1º de outubro de 2001 por José Por-

fírio Fontenele de Carvalho, coordenador técnico do Programa Waimiri Atroari. Disponível em: <https://acervo.socioambiental.org/sites/default/files/documents/WTD00134.pdf>. Acesso em: 10 dez. 2022.

5. Ver: "Uso da terra em Roraima — Relatório técnico", Projeto Levantamento e Classificação da Cobertura e do Uso da Terra, IBGE, 2005. Disponível em: <https://biblioteca.ibge.gov.br/visualizacao/livros/liv95890.pdf>. Acesso em: 10 dez. 2022.

6. Gerson Luiz Marinho, Gabriel Mendes Borges, Elisabete Pimenta Araújo Paz e Ricardo Ventura Santos, "Mortalidade infantil de indígenas e não indígenas nas microrregiões do Brasil", *Revista Brasileira de Enfermagem*, nº 72 (1), jan.-fev. 2019. Disponível em: <https://www.scielo.br/j/reben/a/3MmDHLz6bNSwx9w6qVHbZSf/?lang=pt>. Acesso em: 10 dez. 2022.

7. "Amazônia Legal registra 'possível' desmatamento em área maior que Goiás no primeiro trimestre", Gestão de Comunicação Institucional (GCI). Disponível em: <http://www.inpe.br/noticias/namidia/img/clip05042012.pdf>. Acesso em: 10 dez. 2022.

8. Mais sobre o tema em: Marcelo Batlouni Mendroni, *Crime organizado: Aspectos gerais e mecanismos legais*. São Paulo: Atlas, 6ª ed., 2016.

9. As fraudes mencionadas no processo administrativo de Mauro Dias Bergami, além da descoberta de áreas desmatadas ilegalmente em suas terras, levaram a uma autuação (Auto de Infração nº 517634-D, de 25/08/2011), ao embargo das terras (confirmado pelo juízo da 2ª Vara Federal) e ao seu bloqueio temporário no sistema Sisdof (uma vez que havia risco iminente de continuidade do dano ambiental). No entanto, em 29 de dezembro do mesmo ano, na véspera do réveillon, houve uma reviravolta: o juiz substituto do caso, Janos Wanderley de Mello, suspendeu, sem qualquer fundamentação, todos os efeitos das penalidades aplicadas. Ainda naquele mês, Bergami havia comparecido mais uma vez à sede regional do Ibama e feito ameaças explícitas a servidores proferindo frases como "se eu pudesse, matava todo mundo" e "vontade de fazer justiça com minhas próprias mãos". O fato foi reportado à PF pela

superintendente da instituição e por três outros servidores, tornando-se objeto do Inquérito nº 023/2011.

10. Presidência da República, Lei nº 12.850, de 2 de agosto de 2013: "Define organização criminosa e dispõe sobre a investigação criminal, os meios de obtenção da prova, infrações penais correlatas e o procedimento criminal; altera o Decreto-Lei nº 2.848, de 7 de dezembro de 1940 (Código Penal); revoga a Lei nº 9.034, de 3 de maio de 1995; e dá outras providências." *Diário Oficial da União*, Brasília, DF, 3 ago. 2013. Disponível em: <http://www.planalto.gov.br/ccivil_03/_ato2011-2014/2013/lei/l12850.htm>. Acesso em: 15 dez. 2020.

11. Kalleo Coura, "Governador de Roraima é suspeito de grilagem", revista *Veja*, 15 set. 2013. Disponível em: <https://veja.abril.com.br/brasil/governador-de-roraima-e-suspeito-de-grilagem/>. Acesso em: 10 dez. 2022.

12. Ver: Monitoramento do Desmatamento da Floresta Amazônica Brasileira por Satélite, Prodes/Inpe. Disponível em: <http://www.obt.inpe.br/OBT/assuntos/programas/amazonia/prodes>. Acesso em: 18 dez. 2022.

4. Tem gente boa espalhada por esse Brasil

1. "Uma notícia está chegando lá do Maranhão/ Não deu no rádio, no jornal ou na televisão", dizem os versos de abertura da canção de Milton Nascimento "Notícias do Brasil", da qual tirei o verso "Tem gente boa espalhada por esse Brasil", que intitula este capítulo.

5. Existem os tolos e existe o ladrão e há quem se alimente do que é roubo

1. Os dois versos que intitulam este capítulo ("Existem os tolos e existe o ladrão/ E há quem se alimente do que é roubo") foram retirados da canção "Metal contra as nuvens", do Legião Urbana.

2. A atribuição do órgão federal, no caso o Ibama, para fiscalizar a área

portuária está prevista no artigo 7, inciso XIX, da Lei Complementar nº 140/2011.

3. "As Cesportos serão coordenadas pelos representantes da Polícia Federal, tendo como principais atribuições a aprovação de Estudos de Avaliação de Riscos e Plano de Segurança, a realização de inspeções em instalações portuárias, a análise de processos referentes à atuação dos Supervisores de Segurança Portuária e das Organizações de Segurança, bem como serão responsáveis pela execução das ações da Conportos nos estados sob sua supervisão direta." Fonte: Polícia Federal, Cesportos, 10 set. 2020; atualizado em 5 set. 2022. Disponível em: <https://www.gov.br/pf/pt-br/assuntos/seguranca-portuaria/cesportos>. Acesso em: 10 dez. 2022.

4. Trata-se do Inquérito Policial nº 0901/2017-SR/PF/AM.

5. De acordo com a Portaria do Ministério do Meio Ambiente nº 253, de 18 de agosto de 2006, o DOF deve acompanhar a carga de madeira durante toda a sua permanência no território nacional. Também o artigo 46 da Lei nº 9.605/1998 tipifica como crime manter madeira nativa em depósito "sem exigir a exibição de licença do vendedor, outorgada pela autoridade competente, e sem munir-se da via que deverá acompanhar o produto até o final do beneficiamento".

6. Sobre Leland, consta na denúncia feita pelo MPF: "Neste momento, será imputado ao ora denunciado crime equiparado ao de organização criminosa, qual seja, o crime de impedimento ou embaraçamento da persecução penal relativa a delito perpetrado por organização criminosa, tipificado no artigo 2, § 1, da Lei nº 12.850/2013. Proceder-se-á ainda a imputação ao denunciado do crime de 'lavagem da madeira', haja vista que LELAND, com vontade e consciência, ciente da ilicitude e reprovabilidade de sua conduta, na condição (à época) de superintendente do Ibama/AM, ocultou e dissimulou a natureza, origem, localização, disposição, movimentação ou propriedade de bens, consistentes em produtos florestais (madeira serrada e em bloco), provenientes diretamente de infração penal — desmate ilegal na Amazônia, incidindo, assim, no artigo 1, caput, da Lei nº 9.613/1998."

Disponível em: <https://www.mpf.mp.br/grandes-casos/operacao-arquimedes/atuacao-do-mpf/acoes-penais/docs/010-denuncia-leland-impedimento-de-persecucao-de-orcrim-e-lavagem-da-madeira-mb_redigido>. Acesso em: 10 dez. 2022.

6. "Gente graúda morde do ouro retirado daqui"

1. "AM tem a maior taxa de mortes violentas do Brasil; SP tem a menor", site G1, 22 fev. 2022. Disponível em: <https://g1.globo.com/monitor-da-violencia/noticia/2022/02/22/am-tem-a-maior-taxa-de-mortes-violentas-do-brasil-sp-tem-a-menor.ghtml>. Acesso em: 19 dez. 2022.

2. Informação Técnica nº 03/2017/FPEVJ-CGIIRC-DPT-Funai, de Bruno Pereira, enviada à Coordenação da Frente de Proteção Etnoambiental Vale do Javari em 13 de setembro de 2017.

3. Informação Técnica nº 03/2018/FPEVJ-CGIIRC-DPT-Funai, de Bruno Pereira, enviada à Coordenação da Frente de Proteção Etnoambiental Vale do Javari em 29 de março de 2018.

7. É a verdade o que assombra, o descaso que condena

1. Os dois versos que intitulam este capítulo ("É a verdade o que assombra/ O descaso que condena") foram retirados da canção "Metal contra as nuvens", do Legião Urbana.

2. Lara Gilly, "Bolsonaro diz que quer acabar com 'festa' de multas do Ibama", site G1, 1º dez. 2018. Disponível em: <https://g1.globo.com/rj/sul-do-rio-costa-verde/noticia/2018/12/01/bolsonaro-participa-de-formatura-de-cadetes-na-academia-militar-das-agulhas-negras.ghtml>. Acesso em: 10 dez. 2022.

3. Giovana Girardi, "Bolsonaro tomou 'atitude pusilânime e covarde', diz diretor do Inpe", jornal *O Estado de S. Paulo*, 20 jul. 2019. Disponível em: <https://sustentabilidade.estadao.com.br/blogs/ambiente-se/bolsonaro-tomou-atitude-pusilanime-e-covarde-diz-diretor-do-inpe/>. Acesso em: 10 dez. 2022.

4. Da redação (com agências), "Presidente do Inpe é exonerado após embate sobre dados de desmatamento", revista *Exame*, 2 ago. 2019. Disponível em: <https://exame.com/brasil/presidente-do-inpe-e-exonerado-apos-polemica-sobre-dados-de-desmatamento/>. Acesso em: 10 dez. 2022.

5. Lisandra Paraguassu, "'Dados sobre desmatamento não podem ser divulgados sem passar por autoridades', diz Bolsonaro", Agência Reuters, 22 jul. 2019. Disponível em: <https://www.reuters.com/article/politica-desmatamento-bolsonaro-idLTAKCN1UH26X>. Acesso em: 10 dez. 2022.

6. Leandro Chaves, "Bolsonaro cortou orçamento do Ibama, ICMBio e Inpe, órgãos-chave para combate ao desmatamento", site Infoamazonia, 25 out. 2022. Disponível em: <https://infoamazonia.org/2022/10/25/bolsonaro-cortou-orcamento-do-ibama-icmbio-e-inpe-orgaos-chave-para-combate-ao-desmatamento/>. Acesso em: 10 dez. 2022.

7. O Prodes conta com a colaboração do Ministério do Meio Ambiente e do Ibama e está inserido como ação do Ministério da Ciência, Tecnologia e Inovações no Grupo Permanente de Trabalho Interministerial para a redução dos índices de desmatamento da Amazônia Legal, criado em 2005. O Grupo integra o Plano de Ação para Prevenção e Controle do Desmatamento na Amazônia Legal, lançado em 2004. Disponível em: <http://www.obt.inpe.br/OBT/assuntos/programas/amazonia/prodes>. Acesso em: 12 dez. 2022.

8. Ver mais em: Adécio Piran, "Dia do Fogo: produtores planejam data para queimada na região", jornal *Folha do Progresso*, 5 ago. 2019. Disponível em: <https://www.folhadoprogresso.com.br/dia-do-fogo-produtores-planejam-data-para-queimada-na-regiao/>. Acesso em: 10 dez. 2022.

9. Talita Fernandes (Folhapress), "A pedido de Bolsonaro, Polícia Federal investigará 'Dia do Fogo' no Pará", site GZH, 25 ago. 2019. Disponível em: <https://gauchazh.clicrbs.com.br/ambiente/noticia/2019/08/a-pedido-de-bolsonaro-policia-federal-investigara-dia-do-fogo-no-para-cjzrcie3q00eg01n7lgp8qjoh.html>. Acesso em: 10 dez. 2022.

10. Sobre as sanções a serem aplicadas às infrações administrativas, é

dito o seguinte no parágrafo V do artigo 3º do Decreto nº 6.514/2008: "Destruição ou inutilização do produto."

11. "Ministro do Meio Ambiente defende passar a 'boiada' e 'mudar' regras enquanto atenção da mídia está voltada para a covid-19", site G1, 22 mai. 2020. Disponível em: <https://g1.globo.com/politica/noticia/2020/05/22/ministro-do-meio-ambiente-defende-passar-a-boiada-e-mudar-regramento-e-simplificar-normas.ghtml>. Acesso em: 28 dez. 2022.

12. Para saber mais sobre esse estudo, realizado pela Universidade Federal do Rio de Janeiro (UFRJ) e o Instituto Socioambiental (ISA) e divulgado em 8 de agosto de 2022, ver: Camila Rizzini Freitas (UFRJ), Rodrigo Abreu Carvalho (UFRJ) e Antonio Oviedo (ISA), "O financiamento da gestão ambiental no Brasil: uma avaliação a partir do orçamento público federal (2005-2022)", jun. 2022, Instituto Socioambiental. Disponível em: <https://acervo.socioambiental.org/acervo/documentos/o-financiamento-da-gestao-ambiental-no-brasil-uma-avaliacao-partir-do-orcamento>. Acesso em: 11 dez. 2022.

13. Em junho de 2021, o STF concluiu o julgamento da Arguição de Descumprimento de Preceito Fundamental (ADPF) nº 353, proposta pela Confederação dos Servidores Públicos do Brasil (CSPB). Em sua decisão, o STF tornou nulo o trecho do artigo 43 da Lei Federal nº 4.878/1965, editada durante o regime militar, que permitia censura prévia e perseguição de servidores públicos federais que exercessem a liberdade de expressão.

14. "Relatório climático da ONU: 'estamos a caminho do desastre', alerta Guterres", Nações Unidas do Brasil, 4 abr. 2022. Disponível em: <https://brasil.un.org/pt-br/176755-relatorio-climatico-da-onu-estamos-caminho-do-desastre-alerta-guterres>. Acesso em: 12 dez. 2022.

15. A cientista Luciana Gatti, que coordenou no Laboratório de Gases de Efeito Estufa o mais recente estudo sobre o desmatamento na Amazônia entre 2019 e 2020, conversa sobre o clima na região com a jornalista Renata Lo Prete no podcast "O assunto", publicado no site G1 em 24 de outubro de 2022. Disponível em: <https://g1.globo.com/podcast/o-assunto/noticia/2022/10/24/o-assunto-820-amazonia-urgente-o-impacto-no-clima.ghtml>. Acesso em: 13 dez. 2022.

1ª edição	ABRIL DE 2023
impressão	CROMOSETE GRÁFICA
papel de miolo	PÓLEN NATURAL 80 G/M²
papel de capa	CARTÃO SUPREMO ALTA ALVURA 250 G/M²
tipografia	DANTE MT STD